Unseren Enkelkindern
Fritz, Knut, Eduard und Finja
gewidmet

Monika und Udo Tworuschka

Die Weltreligionen

Kindern erklärt

Mit Illustrationen von Guido Wandrey
und zahlreichen Farbfotos

MIX
Papier | Fördert gute Waldnutzung
FSC® C106855

Penguin Random House Verlagsgruppe FSC® N001967

2., durchgesehene Auflage der vollständig überarbeiteten und ergänzten Neuausgabe, 2025

in der Penguin Random House Verlagsgruppe GmbH,
Neumarkter Straße 28, 81673 München
produktsicherheit@penguinrandomhouse.de
(Vorstehende Angaben sind zugleich Pflichtinformationen nach GPSR.)

Umschlag- und Innenillustrationen: Guido Wandrey
Druck und Einband: Print Consult, München
ISBN 978-3-579-07106-0
www.gtvh.de

Inhalt

Judentum

Die Vielfalt des Judentums 8
Wimmelseite 10/11
Heilige Orte 14
Woran wir glauben 18
Unser heiliges Buch, die Hebräische Bibel 19
Unsere großen Gemeinschaftsfeste 20
Die großen Feste im Leben eines Juden, einer Jüdin 31
Wie wir unseren Glauben leben 34
Wie wir mit anderen zusammenleben 38

Christentum

Die Vielfalt des Christentums 52
Wimmelseite 54/55
Heilige Orte 58
Woran wir glauben 64
Unser heiliges Buch, die Bibel 67
Unsere großen Gemeinschaftsfeste 68
Die großen Feste im Leben eines Christen, einer Christin 76
Wie wir unseren Glauben leben 82
Wie wir mit anderen zusammenleben 85

Islam

Die Vielfalt des Islam 98
Wimmelseite 100/101
Heilige Orte 104
Woran wir glauben 109
Unser heiliges Buch, der Koran 117
Unsere großen Gemeinschaftsfeste 120
Die großen Feste im Leben eines Muslims, einer Muslimin 127
Wie wir unseren Glauben leben 131
Wie wir mit anderen zusammenleben 139

Hinduismus

Die Vielfalt des Hinduismus 150
Wimmelseite 152/153
Heilige Orte 156
Woran wir glauben 160
Unsere heiligen Bücher 163
Unsere großen Gemeinschaftsfeste 164
Die großen Feste im Leben eines Hindu, einer Hindu 168
Wie wir unseren Glauben leben 172
Wie wir mit anderen zusammenleben 180

Buddhismus

Die Vielfalt des Buddhismus 190
Wimmelseite 192/193
Heilige Orte 196
Woran wir glauben 200
Unsere heiligen Schriften 206
Unsere großen Gemeinschaftsfeste 207
Die großen Feste im Leben eines Buddhisten, einer Buddhistin 210
Wie wir unseren Glauben leben 213
Wie wir mit anderen zusammenleben 216

Gemeinsame Probleme

Symbole vereinen und trennen 226
Junge – Mädchen 229
Zusammen leben und lernen 239
Tierschutz 243
Die Umwelt geht uns alle an 248
Frieden verwirklichen 254
Flüchtlinge brauchen unsere Hilfe 259

Hinweise auf weiterführende Literatur 274
Bild- und Textnachweis 277
Die Autorin und der Autor / Der Illustrator 279

Online-Lexikon zum Download
Didaktisch-religionspädagogische Impulse zum Download
www.guetersloher-verlagshaus.de/die_weltreligionen

Judentum

Die Vielfalt des Judentums

Es gibt orthodoxe, konservative und liberale bzw. Reformjüdinnen und -juden. Für Orthodoxe ist die Tora die unwandelbare Weisung Gottes und religiöse Lehre. Sie ist wörtlich auszulegen. Auch die Konservativen halten an der Tora fest, erlauben aber Änderungen veralteter Gesetze. Konservative, liberale oder Reformjüdinnen und -juden haben verschiedene Reformen im Gottesdienst und für die Gleichberechtigung von Mann und Frau durchgesetzt.

Von den weltweit knapp 15 Millionen jüdischen Menschen leben heute 6,7 Millionen in Israel. 5,7 Millionen haben in den USA ihre Heimat gefunden, in der ehemaligen Sowjetunion sind es 2,6 Millionen. Große jüdische Bevölkerungsteile gibt es auch in Frankreich, Kanada, Großbritannien und Südamerika, zum Beispiel in Argentinien und Brasilien. In Deutschland, einst weltweites Zentrum dieser Religion, betrug 2021 die Zahl der offiziell registrierten Mitglieder jüdischer Gemeinden knapp 92.000. Vor dem Beginn der Nazizeit waren es mehr als eine halbe Million. Bei weiteren ebenfalls ca. 100.000 in Deutschland lebenden Juden und Jüdinnen handelt es sich um Menschen außerhalb der Gemeinden, die oft nicht besonders religiös eingestellt sind, sich aber dennoch jüdischen Werten verpflichtet fühlen. Reformjüdinnen und -juden wünschen sich auch, dass die sogenannten Vaterjuden als Juden betrachtet werden. Das Religionsgesetz, die Halacha, sagt jedoch, dass nur Kinder einer jüdischen Mutter Juden sind.

SCHAU DIR DAS WOHNHAUS AUF DER WIMMELSEITE GENAU AN:

Bereits an der Wohnungstür kannst du erkennen, dass hier eine jüdische Familie wohnt. Am rechten Türpfosten ist nämlich eine Mesusa angebracht. Wenn Jüdinnen und Juden ihre Wohnungen betreten oder verlassen, berühren sie diese mit der Hand und sprechen ein kurzes Gebet. Die Mesusa ist ein kleiner Behälter mit einer winzigen Pergamentrolle, auf der Bibeltexte stehen.

Im Erdgeschoss wohnen: Chaim und Hannah Hirsch mit ihren Kindern Daniel und Judith. Familie Hirsch gehört zum orthodoxen Judentum.

Entdecke Familie Hirsch auf dem Wimmelbild:

Chaim Hirsch trägt eine Kippa auf dem Kopf. Zusammen mit seiner Frau Hannah bringt er einen Korb mit Einkäufen zu ihren Nachbarn. Judith Hirsch spielt mit ihrer Freundin Ruth Ball. Daniel hat sich zum Purim-Fest verkleidet.

Im ersten Stock rechts wohnen Aaron und Sara Cohn mit ihren Kindern Ruth und Ari. Familie Cohn gehört zum konservativen Judentum.

Entdecke Familie Cohn auf dem Wimmelbild:

Aaron und Sara Cohn befinden sich im Restaurant. Ari steht auf dem Balkon und ruft seinem Freund David hinterher, der im Rollstuhl fährt. Ruth spielt mit ihrer Freundin Judith Ball.

Im ersten Stock links wohnen Samuel und Rebekka Rosenbaum mit ihren Kindern Esther und David. Familie Rosenbaum gehört zum liberalen Judentum.

Entdecke Familie Rosenbaum auf dem Wimmelbild:

Rebekka Rosenbaum hat gerade die Sabbatkerzen angezündet und steht am Fenster. Samuel Rosenbaum beobachtet auf dem Weg zur Arbeit Spatzen auf einer Mauer. Esther Rosenbaum sitzt auf der Schaukel. David sitzt im Rollstuhl und fährt zum Tischtennistraining.

Elias Offenburger sitzt hinten im Bus. Er bezeichnet sich als nicht religiös, akzeptiert aber die jüdischen Werte. Im Bus vorne liest Lea Kaufmann Zeitung. Auch sie ist eine säkulare Jüdin. Lea versteht sich als Teil des jüdischen Volkes, seiner Kultur und Geschichte, beachtet aber nicht alle Regeln.

Entdecke Elias Offenburger und Lea Kaufmann auf dem Wimmelbild.

Heilige Orte

Die Heiligkeit des Landes Israel

Für Juden und Jüdinnen ist das »Land Israel« heilig, weil Gott es auserwählte, um mitten »unter den Kindern Israels« zu wohnen. Israel gilt deshalb als Land der »Gegenwart Gottes«. Es gilt als Geschenk an die Erzväter Abraham, Isaak und Jakob.

Israel ist auch deswegen heilig, weil Jüdinnen und Juden einige mit dem Land verbundene »Pflichten« erfüllen müssen. Da es Pflicht ist, in Israel zu wohnen, siedeln ältere fromme Juden und Jüdinnen oft nach Israel über. Zumindest aber wollen sie dort begraben werden. Bei Beerdigungen in der Fremde ist es guter Brauch, ein wenig Erde aus Israel in den Sarg zu legen.

Jerusalem – »Stadt Gottes«

Jerusalem ist besonders heilig, weil es als die »Stadt Gottes« gilt und sich auf seinem heiligen Berg, dem Zion, befindet. Jerusalem ist die Stadt des Königs David, in die er die Lade Gottes brachte. Wie diese aussah, weiß man nicht genau. Vielleicht war sie ein Schrein aus Holz, der innen und außen vergoldet und mit einer goldenen Deckplatte versehen war, auf dem zwei goldene Engel standen. Vielleicht befanden sich in ihr die Bundestafeln. Das sind zwei Steintafeln mit den Geboten Gottes. König David brachte sie nach Jerusalem, wo Salomo sie nach dem Bau des Tempels im Allerheiligsten verwahrte.

Am heiligsten schließlich war das »Allerheiligste« des Tempels, ein Raum, der nur vom Hohenpriester am Jom Kippur (Tag der Versöhnung) betreten wurde. Weil der Tempel aber im Jahr 70 n. Chr. zerstört wurde, gilt heute die »Westmauer« als heilig. Diese ehemalige Stützmauer des Tempelbergs wird auch »Klagemauer« genannt.

Ein beliebtes Pilgerziel ist das Grab Davids. Dieser König schuf das Gesamtreich aus Juda und Israel (um 1010-970 v. Chr.) und machte Jerusalem zu seiner Hauptstadt.

Die Westmauer in Jerusalem mit dem Felsendom im Hintergrund

Unser heiliges Gebäude, die Synagoge

Herr Hirsch berichtet:

Das Wort »Synagoge« stammt aus dem Griechischen und bezeichnet einen Versammlungsort. In der Synagoge kommen die Gläubigen zum Gebet und zum Gottesdienst zusammen, aber auch, um gemeinsam zu feiern, zu diskutieren, zu lehren und zu lernen. Wenn Männer die Synagoge betreten, setzen sie die Kippa auf. An ihrem Platz öffnen sie das kleine Kästchen vor ihnen, in dem sich Gebetbuch und Gebetsschal befinden.

Viele Gemeindemitglieder haben ihren Platz in der Synagoge gemietet. Damit ein »richtiger« Gottesdienst zustande kommt, müssen mindestens zehn erwachsene Männer anwesend sein, so sagt es die Bibel. Das nennt man *Minjan*.

Während des Gottesdienstes nimmt der Vorbeter oder die Vorbeterin aus der heiligen Lade, einem Schrank, in dem sich die Tora-Rollen befinden, eine Rolle heraus. Ein Helfer trägt sie feierlich durch die Synagoge zum Lesepult. Währenddessen steht die Gemeinde auf und begrüßt die Tora. In unserem Gottesdienst wird sehr viel gesungen. Deshalb sind Kantor bzw. Kantorin (Vorsänger) so besonders wichtig.

Tora-Schrein, Lesepult und siebenarmiger Leuchter in einer Synagoge

Woran wir glauben

Ruth erzählt:

Meine Religion ist eine der ältesten der Welt. Vor ungefähr 4000 Jahren kam Abraham mit seiner Familie nach Kanaan. Das ist heute Israel. Gott schloss mit ihm einen »Bund«, also eine Art Vertrag. Darin verpflichtete er sich, unser Gott zu sein. Und wir haben uns verpflichtet, seine Gebote zu befolgen. Wir glauben, dass es nur einen einzigen Gott gibt, der die Welt erschaffen hat. Er ist mächtig, gütig und barmherzig zu den Menschen. Seinen Namen sprechen wir nicht aus. Wir nennen ihn HaSchem (»der Name«). Wir glauben, dass Gott in unserer ganzen Geschichte immer da gewesen ist und unser Volk »erwählt« hat. Das heißt, er hat sich gerade unser Volk aus den vielen Völkern der Menschheit ausgesucht und mit uns einen Vertrag geschlossen. Wir sind aber deshalb keine besseren Menschen. Wir haben nur mehr Pflichten zu erfüllen.

Jesus ist für uns nur ein jüdischer Mensch. Er ist nicht Sohn Gottes oder der Messias. Auf den Messias, den Gesandten Gottes, warten wir. Wenn er gekommen ist, wird auf der Welt immer Frieden herrschen, und es wird keine Ungerechtigkeit mehr geben.

Unser heiliges Buch, die Hebräische Bibel

Daniel berichtet:

Unsere Hebräische Bibel heißt bei den Christen Altes oder Erstes Testament. Wir nennen sie *Tanach*. Dieses Wort setzt sich aus den Abkürzungen der Wörter **T**ora, **N**evi'im *(Propheten)* und **K**etuvim *(Schriften)* zusammen.

1. Die ersten fünf Bücher sind die »Tora«, die »Weisungen«: Das sind die fünf Bücher Mose.
2. Zu den »prophetischen Büchern« gehören die vier geschichtlichen Propheten-Bücher: Josua, Richter, 1. und 2. Samuel und 1. und 2. Könige. Wir nennen sie auch die »früheren Propheten«. Dann kommen die »späteren Propheten«: Jesaja, Jeremia und Ezechiel, sodann die zwölf »kleinen Propheten«.
3. Zu den »Schriften« gehören Psalmen, das Buch Hiob und Sprüche, die »fünf Rollen«: Rut, Hohelied, Prediger, Klagelieder, Ester; schließlich die »geschichtlichen Schriften«: Daniel, Esra, Nehemia, 1. und 2. Chronik.

Der Talmud

Besonders wichtig ist der Talmud für uns. Dieses Buch, das aus vielen einzelnen Büchern besteht, ist von unseren bedeutendsten Gelehrten geschrieben worden und sagt uns, wie wir die Bibel heute richtig verstehen und anwenden sollen.

Unsere großen Gemeinschaftsfeste

Sabbat

Judith erzählt:

Jede Woche haben wir einen besonderen Feiertag, den Sabbat. Den Sabbat halten wir ein, weil Gott die Welt in sechs Tagen erschuf und am siebten Tag ruhte. Der Sabbat beginnt am Freitagabend und endet Samstag nach Sonnenuntergang.

Am Freitagabend zünden die Frauen die Sabbatkerzen an. Dann beginnt die Sabbatruhe mit einem festlichen Essen in der Familie. Am Sabbat wird nur gearbeitet, was unbedingt notwendig ist. Wir Orthodoxen stellen alle elektrischen Geräte so ein, dass wir sie an diesem Tag nicht ein- oder ausschalten müssen. Abends gehen wir in die Synagoge, um einen Abschnitt aus der Tora zu hören.

David berichtet:

Am Sabbat darf man eigentlich nicht Auto fahren. Ich habe da etwas Spannendes gelesen: Es gibt ein Auto, das durch Hirnströme kontrolliert und gelenkt wird. Bei der Vorschrift, den Sabbat einzuhalten, geht es um zweierlei: Man darf keinen Funken auslösen oder kein Feuer entfachen und nicht arbeiten. Es ist nicht auszuschließen, dass Elektroautos für den Gebrauch am Sabbat erlaubt werden.

Rosch Haschana

Ari erzählt:

Wir haben viele Feste. Sie beginnen alle am Abend des Vortages und enden mit dem Sonnenuntergang. Rosch Haschana ist unser Neujahr. Dieser Tag ist aber kein so lustiges Fest wie Silvester oder Neujahr bei den Christen und Christinnen und liegt auch nicht im Januar, sondern im September. Unser Neujahr ist ein ernster Tag. Wir erinnern uns daran, dass Gott die Welt erschaffen hat. In der Synagoge hören wir die Geschichte von Abraham, der auf Gottes Befehl seinen Sohn Isaak opfern soll. An Rosch Haschana wird der *Schofar* auf eine ganz besondere Weise geblasen. Das ist ein Horn vom Schafbock oder Widder. Wenn wir seinen Klang hören, denken wir an Abraham, der es nicht übers Herz brachte, seinen Sohn zu töten. Stattdessen opferte er ein Schaf. An Rosch Haschana bereuen Juden und Jüdinnen, was sie im vergangenen Jahr Böses getan haben. Zehn Tage denken wir darüber nach, was wir im neuen Jahr besser machen könnten, und nehmen uns dies fest vor.

Zu Neujahr schicken wir allen unseren Verwandten und Bekannten Grußkarten, mit denen wir ihnen ein »gutes und süßes Jahr« wünschen. Wenn wir nach dem Gottesdienst aus der Synagoge kommen, essen wir einen Apfel, den wir in Honig tauchen – für uns das Symbol für ein süßes Jahr.

Jom Kippur

Daniel fährt fort:

Nach Rosch Haschana kommt Jom Kippur, das »Fest der Versöhnung«. Es liegt im September bzw. Oktober. Jom Kippur ist unser heiligster Tag. Dann entscheidet Gott über unser Schicksal im kommenden Jahr und auch über das Schicksal der ganzen Menschheit. Alle Erwachsenen fasten an diesem Tag. Am Ende des Fastentages wird in der Synagoge der Schofar geblasen.

Mütter bauen mit ihren Kindern eine Laubhütte

Sukkot

Für uns Kinder ist das Laubhüttenfest, Sukkot, besonders schön. Es soll uns zeigen, dass unsere Vorfahren während ihrer Wanderung durch die Wüste in Laubhütten leben mussten. Am Ende des siebentägigen Festes feiern wir Simchat Tora, das Fest der Gesetzesfreude. An diesem Tag werden das Ende und wieder der Anfang der Tora in einem feierlichen Gottesdienst vorgelesen.

Auch heute baut jede Familie im Garten, auf dem Hof oder Balkon so eine Laubhütte, die man »Sukka« nennt. Jede Gemeinde stellt eine Sukka für die Menschen zur Verfügung, die keine eigene bauen können.

Ich helfe meinem Vater immer beim Bauen der Laubhütte. Tagelang vorher suchen wir Holzlatten, Planken, Nägel, Hammer, Draht und anderes Baumaterial zusammen.

Wenn wir die Wände fertig haben, legen wir grüne Zweige auf das Dach. Wir schmücken die Hütte mit Girlanden, Blumen und ausgeschnittenen Bildern von Obst. Am ersten Sukkot-Abend steht ein Leuchter auf dem Tisch. Das Essen in der kleinen Hütte ist wie ein Picknick und richtig gemütlich.

Chanukka

Frau Hirsch erinnert sich:

Wenn Christinnen und Christen Advent feiern, haben wir unser Chanukka-Fest. Der Reihe nach zünden wir Kerzen an. Aber nicht vier, sondern acht. Acht Tage lang, jeden Abend eine, kurz nach Sonnenuntergang, bis schließlich alle acht Kerzen brennen.

Der Grund für diesen Brauch ist schon über 2000 Jahre alt: Das jüdische Volk wurde damals von dem syrischen König Antiochus IV. Epiphanes unterdrückt. Dieser mächtige Herrscher hatte befohlen, dass alle Bewohner seines Reiches, also auch die Juden, die griechischen Götter verehren sollten, und verbot die jüdische Religion, die nur einen einzigen Gott verehrt. Der König ließ viele heilige Orte und Gegenstände unseres Glaubens zerstören.

Damals lebte jedoch ein mutiger Mann unter den Juden: Judas Makkabäus. Er schaffte es, mit wenigen tapferen Männern eine Widerstandsbewegung aufzubauen, die den Aufstand gegen den syrischen König plante. Sein Name verrät noch, wie mutig dieser Mann gewesen sein muss. »Makkabäus« heißt nämlich: der »wie ein Hammer« zuschlägt. Der Aufstand war erfolgreich. Die Juden erhielten ihren Tempel zurück, den sie reinigten und neu einweihten, also feierlich in Gebrauch nahmen. Damit sind wir beim Namen dieses Lichterfestes. Chanukka heißt »Einweihung«.

Als die Juden den zertrümmerten achtarmigen Leuchter im Tempel fanden, schmiedeten sie aus ihren Waffen einen neuen. Nun hatten sie zwar wieder einen Leuchter, doch womit sollten sie Licht machen? Sie brauchten Öl dazu. Schließlich fanden sie einen kleinen Krug mit Öl, das die Feinde nicht beschmutzt hatten, das aber höchstens für einen Tag reichen würde. Doch ein Wunder geschah: Mit dem wenigen Öl brannte der Leuchter acht Tage lang.

Judith fährt fort:

Zur Erinnerung an dieses Wunder entzünden wir jeden Abend von Beginn des Festes an eine weitere Kerze am Chanukka-Leuchter.

Zum Anzünden benutzen wir eine zusätzliche Kerze. Dieser »Diener« hat seinen besonderen Platz auf dem Leuchter, der insgesamt neun Arme hat.

Ich habe wie mein Bruder David einen eigenen Chanukka-Leuchter. Wenn wir unsere Kerzen anzünden, sprechen wir zum Beispiel das Gebet Tefilla Lechanukka, das so beginnt:

Gesegnet seist Du, Ewiger,
unser Gott, König der Welt,
der uns geheiligt durch seine
Gebote und uns befohlen hat,
das Chanukkalicht zu zünden.

Wir stellen den Chanukka-Leuchter immer ins Fenster, damit man ihn von der Straße aus sehen kann. Jeder soll miterleben, welches große Wunder damals vor 2000 Jahren geschehen ist. Außerdem wissen dann jeder Jude, jede Jüdin, die vorbeikommen, die wievielte Chanukka-Nacht gerade ist. In unserer Religion ist noch ein anderer Leuchter wichtig, nämlich die *Menora*. Sie hat sieben Arme und ist – von zwei Olivenzweigen umrankt – das offizielle Wappen des Staates Israel.

Chanukka ist ein schönes Fest, an dem nicht nur Lichter erstrahlen, sondern zu dem wir uns auch gegenseitig beschenken. Wir wollen Licht und Freude weitergeben.

Letztes Jahr haben wir auch unsere Freunde Ayshe, Nurten, Christina, Peter, Sanjukta und Ranesh eingeladen, um zusammen mit dem *Trendel* zu spielen. Das ist ein würfelförmiger Kreisel. In die Flächen des Trendels sind vier hebräische Buchstaben geschnitzt: »Nun« bedeutet »nichts«; »Gimmel« »alles«; »Heh« bedeutet »halb« und »Shin« heißt »tu hinein«. Mit diesen Buchstaben beginnen auch die Worte des Satzes »Nes gadol haja sham«: »Ein großes Wunder ist geschehen«. Das soll uns an den Ölkrug erinnern, dessen Inhalt acht Tage lang ausreichte.

Und so wird gespielt: Jeder Teilnehmer bekommt zehn bis 15 Centstücke. Es können auch Rosinen, Nüsse oder Streichhölzer sein. Eins davon tut jeder Spieler in die Mitte, in den sogenannten »Topf«. Dann dreht man am Trendel. Ist das »Nun« oben, also das »nichts«, dann bekommen die Spielenden natürlich nichts. Steht »Heh« oben, so erhält man die Hälfte des Inhalts aus dem Topf. Bei »Gimmel« gibt es den ganzen Topf. Bei dem Buchstaben »Shin«, also »tu hinein«, muss man zwei Münzen oder Knöpfe usw. in den Topf werfen.

Purim

Daniel berichtet:

Purim ist ein tolles Fest, weil wir uns da verkleiden können. Wir denken zu Purim an die Errettung vor dem bösen Haman und führen die Geschichte als Theaterstück auf. Haman war ein einflussreicher Mann am Hof des Perserkönigs, in dessen Reich viele Juden und Jüdinnen lebten. Haman wollte sie vernichten. Da ging die tapfere Ester zum König und erreichte, dass den Jüdinnen und Juden nichts Böses geschah. Vorher hatte sie für den Erfolg ihres Bittgesuchs gebetet und gefastet. Deshalb findet noch heute vor Purim das Ester-Fasten statt. Am Festtag selbst wird ein Gedenkgottesdienst abgehalten. Wir dürfen Rasseln und Süßigkeitstüten in die Synagoge mitnehmen. Immer, wenn während der Bibellesung der Name Haman fällt, machen wir mit den Rasseln kräftig Lärm.

Peter erinnert sich:

Daniel hat mich zu Purim eingeladen. Ich war als Ninja verkleidet. Es war etwas wie Karneval. Aber Daniel hat mich daran erinnert, dass sie bei dem Fest Gott danken, dass er sein Volk gerettet hat.

Pessach

David erklärt:

Wenn Christen Ostern feiern, ist bei uns Pessach. Acht Tage dauert dieses große Fest, und es beginnt mit dem *Seder-Abend.* Schon Wochen vor dem Pessachfest geht es hoch her. In vielen Familien wird das ganze Haus auf den Kopf gestellt. Da wird geputzt und gefegt, damit nur ja alles blitzblank ist.

Zum Seder-Abend haben wir einen schönen Brauch: Die Kinder suchen nach Brotkrumen, die ihre Eltern vorher im Haus versteckt haben. Wir zünden eine Kerze an, und dann geht die Suche durch das ganze Haus oder die Wohnung los. Wenn wir alle Brotstückchen gefunden haben, schieben wir sie mit einer Feder auf einen Holzlöffel, um beides am nächsten Morgen zusammen mit den Brotkrumen zu verbrennen.

Dieser Brauch hat etwas mit unserer Geschichte zu tun: Vor 3000 Jahren befand sich unser Volk in ägyptischer Sklaverei. Eines Tages verließen die Israelitinnen und Israeliten Hals über Kopf das Land, weil der Pharao – das war der ägyptische König – sie verfolgte. Da hatte niemand mehr Zeit, sich gründlich auf die Flucht vorzubereiten. Deshalb konnte man auch kein richtiges Sauerteigbrot mehr backen. Das brauchte ja Zeit. Deshalb darf sich zu Pessach in jüdischen Wohnungen und Häusern kein bisschen Sauerteig befinden.

Der Seder-Abend ist jedes Jahr ein großes Ereignis. Vor allem für uns Kinder. Damit es ein richtiger Seder-Abend wird, sind folgende Dinge wichtig: Auf dem Tisch liegen drei Scheiben *Mazzen*. So heißt auf Hebräisch das ungesäuerte Brot. Außerdem hart gekochte Eier, ein angebratener Lammknochen, bittere Kräuter, eine Schale mit einem bräunlichen Brei aus gehackten Nüssen, geriebenen Äpfeln, Rosinen, Feigen und Wein. Dann stehen da noch Petersilie und ein Gefäß mit Salzwasser.

Alle Speisen erinnern an den Auszug aus Ägypten: Die drei Mazzen versinnbildlichen das Brot, das die Israeliten und Israelitinnen bei ihrer Flucht noch rasch herstellen konnten. Die Eier sollen auf das Erwachen der Natur im Frühling hinweisen, bedeuten also neues Leben. Sie können aber auch Zeichen der Trauer und des Grabes sein. Der Lammknochen erinnert uns an das Lamm, das man früher Gott opferte. Die bitter schmeckenden Kräuter sollen uns an den harten Sklavendienst in Ägypten denken lassen, und das bräunliche Gemisch in der Schale sieht genauso aus wie der Lehm, aus dem die Ziegelsteine hergestellt wurden, die damals für die Gebäude des Pharaos gebraucht wurden. Es ist nicht schwer zu erraten, was das Salzwasser bedeutet: Das sind die Tränen der Jüdinnen und Juden in der Zeit ihrer großen Unterdrückung.

Vor der Mahlzeit trinken die Erwachsenen, die angelehnt sitzen, ein Glas Wein. Dann tauchen wir die Kräuter in das Salzwasser und essen sie. Während der Mahlzeit wird von der mittleren Mazze ein kleines Stück, der »Afikoman«, abgebrochen und für den Schluss aufgehoben. Ein Kind versteckt ihn, und erst wenn er gefunden worden ist, kann die Mahlzeit beendet werden. Weil ich der jüngste Sohn bin, darf ich immer die »vier Fragen« stellen. Jedes Mal bin ich vorher ganz schön aufgeregt. Das sind die Fragen:

Warum ist diese Nacht so ganz anders als die übrigen Nächte?
In allen anderen Nächten essen wir Gesäuertes oder Ungesäuertes,
diese Nacht jedoch nur Ungesäuertes?
Warum essen wir bittere Kräuter?
Warum tauchen wir unser Essen zweimal ein?
Warum essen wir in angelehnter Weise?

Angelehnt sitzen durften damals nicht die Sklaven, sondern nur die freien und vornehmen Männer. Wenn wir das Seder-Mahl in dieser Haltung einnehmen, soll das unsere Freude über die Freiheit von den Ägyptern zeigen. Wenn ich alle vier Fragen gestellt habe, erzählt mein Vater die Geschichte vom Auszug aus Ägypten. Dann trinken die Erwachsenen ein zweites Glas Wein. Nach der Segnung der Mazzen findet das festliche Essen statt. Bei uns gibt es immer Mazzenklößchensuppe und »Gefillte Fisch«. Das ist ein großer ausgehöhlter Fisch, der mit Fischmasse und allerlei leckeren Zutaten wieder gefüllt wird. Wir essen dieses Gericht kalt. Am Ende der Mahlzeit trinken die Erwachsenen ihr drittes Glas Wein. Dann werden Psalmen aus der Bibel gesprochen, und die Erwachsenen trinken ein viertes Glas Wein.

Ein Platz am Tisch bleibt immer frei. Und dort steht auch immer ein besonderes Glas Wein für den Propheten Elia, auf den wir warten und der den Messias ankündigt. Elia gibt sich aber nicht zu erkennen. Vielleicht kommt er als Asylsuchender oder Bettler zu uns? Die Haustür steht offen, damit er hereinkommen kann. Viele schöne Lieder singen wir am Seder-Abend. Zum Schluss wünschen wir uns gegenseitig: »Nächstes Jahr in Jerusalem!« Dieser Spruch drückt die Sehnsucht aller Juden aus, einmal im Leben nach Jerusalem zu kommen. Selbst Tante Lea feiert den Seder-Abend mit uns, obwohl sie eine säkulare Jüdin ist; denn auch für sie ist die jüdische Geschichte sehr wichtig.

Schawuot

Das Schawuot-Fest erinnert daran, dass Mose von Gott die »Zehn Gebote« erhalten hat. Wir schmücken dann unsere Wohnung und Synagoge mit Zweigen und Blumen.

Das Neujahrsfest der Bäume

Ruth erzählt:

In Israel pflanzt man zum Neujahrsfest der Bäume einen Baum im Freien. Wo es nicht so warm ist, stellt man den Baum ins Haus und pflanzt ihn später in den Garten. Wir haben am Neujahrsfest der Bäume Früchte gegessen, die an Israel erinnern. Das Neujahrsfest der Bäume ist in Israel ein Festtag. Hintergrund ist das Gebot, die Früchte von neu gepflanzten Bäumen drei Jahre nicht zu genießen und sie erst im fünften Jahr zu essen (3. Mose 19,23-25). Früher begann mit diesem Datum die Pflanzzeit. Ich habe auch Hina eingeladen. Denn meine Freundin ist ganz begeistert von Blumen und Pflanzen. Sie hat einen kleinen Ableger eines Baums mitgenommen und will ihn in einen Topf auf ihrem Balkon einpflanzen.

Die großen Feste im Leben eines Juden, einer Jüdin

Beschneidung

Ari erzählt:

Am achten Tag nach der Geburt bin ich beschnitten worden. Der Mohel (Beschneider) hat die Vorhaut meines Gliedes entfernt. Das ist ein Zeichen dafür, dass ich Jude bin und dass Gott mit uns einen »Bund«, also einen Vertrag, geschlossen hat. Selbst säkulare Juden, die es mit der Religion nicht so genau nehmen, finden die Beschneidung als Zeichen des Bundes wichtig. Bei der Beschneidung habe ich dann auch meinen Namen bekommen.

Mädchen können nicht beschnitten werden. Aber deshalb sind sie nicht weniger Juden als Jungen. Am achten Tage nach seiner Geburt bekommt das Mädchen seinen Namen genau wie der Junge, und wir feiern diesen Tag genauso wie den Beschneidungstag des Jungen.

Bar Mizwa und Bat Mizwa

Mit 13 Jahren wird ein Junge Bar Mizwa, das heißt »Sohn der Pflicht«. Die Jungen legen dann zum ersten Mal die »Gebetsriemen« an und zählen von nun an beim »Minjan«. Das ist die notwendige Mindestzahl von zehn männlichen Anwesenden für einen Gottesdienst. Liberale Juden zählen auch Frauen dazu. Die Jungen haben vorher Unterricht und lernen, hebräische Texte zu lesen. Mädchen werden mit 12 Jahren Bat Mizwa, »Tochter der

Pflicht«. Sie müssen kein Hebräisch lernen, und ihr Fest ist leider nicht so schön wie das der Jungen.

Jüdische Hochzeit

Ruth erzählt:

Neulich war ich bei der Hochzeit meiner Cousine Rahel eingeladen. Am Vorabend hat Rahel eine Mikwe besucht. Das ist ein rituelles Bad.

Am Morgen vor der Hochzeit haben Rahel und Ben gefastet; denn mit der Ehe beginnt ein neuer wichtiger Lebensabschnitt.

Rabbinerin Bieler segnete den Wein, von dem das Brautpaar trinkt. Dann steckte der Mann der Frau den Ehering an den Finger, las den Ehevertrag vor und gab ihn dann der Frau. Da Rahel fortschrittlich eingestellt ist, hat sie ihrem Mann als gleichberechtigte Partnerin auch einen Ring überreicht.

Die Trauung fand unter einer Chuppa, einem Baldachin, statt. Das ist ein an vier Stangen befestigtes Stoffdach und soll das zukünftige Zuhause des Brautpaares darstellen.

Während der Zeremonie sprach Rabbinerin Bieler sieben Segenssprüche. Zu jedem Spruch umrundete der Mann einmal seine Frau. Am Ende der Zeremonie zertrat er ein Weinglas. Das soll an die Zerstörung des Tempels in Jerusalem erinnern, die man auch in solchen glücklichen Momenten wie einer Hochzeit nicht vergessen darf. Anschließend gab es ein Festessen mit Tanz.

Tod

David erinnert sich:

Als meine Großmutter starb, war ich sehr traurig. Aber Mama hat mir erklärt, dass ihre Seele nach dem Tod zu Gott aufsteigt und dort weiterlebt. Wenn wir das Totengebet, das Kaddisch, 11 Monate und einen Tag lang zum Schluss des Gottesdienstes beten, können wir Angehörigen dabei helfen, die Seele des Verstorbenen zu reinigen.

Wenn wir einen geliebten Menschen verlieren, reißen wir die Kleidung ein. Meine Mutter hat für Oma die linke Seite ihres Kleides eingerissen. Während der ersten sieben Tage nach der Beerdigung haben wir uns auf niedrige Stühle gesetzt und besonders getrauert. Nachbarn und Verwandte haben uns Lebensmittel gebracht, damit wir in der Trauerzeit nicht einkaufen müssen.

Wie wir unseren Glauben leben

Jüdische Küche

Frau Cohn erzählt:

Weil Gott mit uns einen »Bund« geschlossen hat, müssen wir Juden und Jüdinnen viele Gebote erfüllen. Diese betreffen sogar unser Essen, für das wir bestimmte Speisegesetze haben. Sie heißen *Kaschrut*. Alles, was wir essen und trinken, soll *koscher*, also »rein« sein. Tiere müssen vorschriftsmäßig geschlachtet werden. Ihr Fleisch soll ganz ausgeblutet sein. Schweinefleisch ist verboten.

Herr Cohn fährt fort:

Dies ist ein koscheres Restaurant. Hier werden also nur Speisen angeboten, welche die jüdischen Speisevorschriften erlauben. Wir dürfen auch nicht Milch und Fleisch oder Wurst zusammen essen. Wenn wir ein Hähnchen verspeist haben, dürfen wir danach keinen Pudding oder Joghurt zu uns nehmen. Deshalb gibt es in der Küche alles doppelt; denn der Koch kocht koscher und muss daher Fleisch und Milch strikt vonein-

ander trennen. Bei der Vorbereitung, aber auch beim Kochen und hinterher beim Abwaschen gilt: Das eine darf mit dem anderen nicht in Berührung kommen. Es gibt also doppeltes Geschirr und zwei Geschirrspüler.

Lea Kaufmann erklärt:

Als säkulare Jüdin halte ich mich nicht immer an die Speisegebote. Ich esse auch manchmal Schweinefleisch und verwende auch kein unterschiedliches Geschirr für milchige oder fleischige Lebensmittel.

Woran man sehr fromme Juden erkennen kann

Judith erklärt:

Ihr habt vielleicht schon einmal im Fernsehen gesehen, dass besonders strenggläubige Juden Bärte und Locken an den Schläfen tragen. In manchen jüdischen Gruppen tragen schon Kinder und Jugendliche lange Locken. Sehr fromme Juden haben außerdem ständig eine Kopfbedeckung auf. Sie finden es nicht richtig, mit bloßem Kopf vor Gott zu treten. Sie tragen ein dunkles Käppchen, *Kippa* genannt.

Wie wir richtig beten

Daniel erzählt:

Um richtig zu beten, brauchen Juden und inzwischen auch liberale Jüdinnen *Gebetsschal* und *Gebetsriemen*. Darauf befinden sich kleine Kapseln. Ich habe meinem Vater schon so oft zugeschaut, wie er die Gebetsriemen anlegt, dass ich es fast schon selber kann. Die Kapseln tragen wir in der Nähe des Herzens und auf der Stirn. So bindet sich der ganze Mensch an Gott. Die Bibelverse in den Kapseln erinnern an große Ereignisse aus der jüdischen Geschichte: einmal an die Gottesoffenbarung auf dem Sinai, als Gott dem Mose erschien und ihm die »Zehn Gebote« gab, und zum andern an den Auszug aus Ägypten.

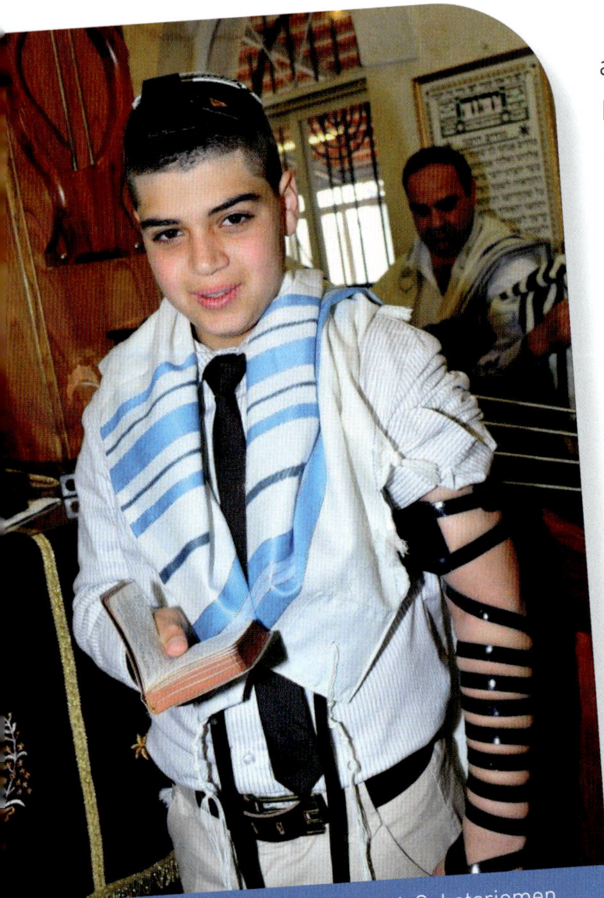
Ein jüdischer Junge mit Gebetsschal, Gebetsriemen und einer Kapsel mit Bibelversen auf der Stirn

Männliche Juden bedecken ihren Kopf aus Ehrfurcht vor Gott, wenn sie eine Synagoge betreten oder die Tora lesen. Orthodoxe Juden setzen auch beim Essen die Kippa auf, weil das Essen mit dem Gebet davor und danach als eine religiöse Handlung gilt. Liberale Juden tragen im Alltag selten eine Kippa. Doch wenn sie den Friedhof besuchen, setzen sie die Kippa auf. Das tun sie auch, wenn sie an den großen Festen Neujahr, Versöhnungstag und Pessach am Gottesdienst teilnehmen. Bei den liberalen Juden tragen auch Frauen als Zeichen der Gleichberechtigung eine Kippa.

Unser wichtigstes Gebet: Das »Höre, Israel«

Höre, Israel,
der Ewige, unser Gott, der Ewige ist einzig!
Gelobt sei der Name der Herrlichkeit seines Reiches immer und ewig.
Du sollst den Ewigen, deinen Gott, lieben mit deinem ganzen Herzen
und deiner ganzen Seele und deinem ganzen Vermögen.
Es seien diese Worte, die ich dir heute befehle in deinem Herzen.
Schärfe sie deinen Kindern ein und sprich von ihnen,
wenn du in deinem Hause sitzest und wenn du auf dem Wege gehst,
wenn du dich niederlegst und wenn du aufstehst.
Binde sie zum Zeichen auf deinen Arm
und sie seien zum Denkband auf deinem Haupte.
Schreibe sie auf die Pfosten deines Hauses und deiner Tore!
(5. Mose 6,4-9)

Wie wir mit anderen zusammenleben

Unsere wichtigsten Gebote lauten:

1. Ich bin JHWH, dein Gott, der dich aus Ägypten geführt hat, aus dem Sklavenhaus. Du sollst neben mir keine anderen Götter haben.
2. Du sollst den Namen des Herrn, deines Gottes, nicht missbrauchen; denn der Herr lässt den nicht ungestraft, der seinen Namen missbraucht.
3. Gedenke des Sabbats: Halte ihn heilig! Sechs Tage darfst du schaffen und jede Arbeit tun. Der siebte Tag ist ein Ruhetag, dem Herrn, deinem Gott, geweiht.
4. Ehre deinen Vater und deine Mutter, damit du lange lebst in dem Land, das der Herr, dein Gott, dir gibt.
5. Du sollst nicht morden.
6. Du sollst nicht die Ehe brechen.
7. Du sollst nicht stehlen.
8. Du sollst nicht falsch gegen deinen Nächsten aussagen.
9. Du sollst nicht nach dem Haus deines Nächsten verlangen.
10. Du sollst nicht nach der Frau deines Nächsten verlangen, nach seinem Sklaven oder seiner Sklavin, seinem Rind oder seinem Esel oder nach irgendetwas, das deinem Nächsten gehört.

    (2. Mose 20,2-17)

Frau Rabbiner Jacobson erklärt:

Ich arbeite für die Zentralwohlfahrtstelle der Juden in Deutschland (ZWST). Für uns Jüdinnen und Juden ist es besonders wichtig, sich um andere zu kümmern. Wohltätigkeit (Zedaka) erwähnt schon die Bibel. Zedaka bedeutet nicht nur Almosen zu geben, sondern meint Gerechtigkeit. Bis zu einem Fünftel seines Vermögens für die Armen zu geben ist für den Reichen Pflicht. Das höchste Ziel ist, dem Verarmten auf solche Weise zu helfen, dass er für sich selbst sorgen kann.
Die Aufforderung, Menschen in allen Lebenslagen zu helfen, hat zu einer Reihe von sozialen Initiativen geführt: Bewirtung von Fremden, Fürsorge für Kranke, Unterstützung von Brautpaaren, Gewähren von zinslosen Darlehen, Trösten von Trauernden und die Sorge um die Bestattung von Toten.

Herr Hirsch berichtet:

Hannah und ich bringen einen Korb mit Lebensmitteln zu unseren Nachbarn. Ihr Großvater ist gerade gestorben. In den ersten sieben Tagen verlassen sie das Haus deshalb nicht. Sie trauern. Juden nennen diese Trauerzeit *Schiwa*. Verwandte und benachbarte Menschen helfen ihnen, Alltagsdinge für sie zu erledigen. Wir haben gestern und heute für sie eingekauft.

Frau Hirsch fährt fort:

Ältere Menschen soll man besonders fürsorglich behandeln. Es die Pflicht der nächsten Generation, sich um ältere Menschen zu kümmern. Die Jüngeren sollen dafür sorgen, dass der Lebensstandard der älteren Menschen gewahrt bleibt und sie nicht aus der Gesellschaft abgeschoben werden. Im 3. Buch Mose (19,32) steht: *»Vor einem grauen Haupt stehe auf und ehre den Greis.«* Viele Gemeinden kümmern sich vor allem um die Betreuung älterer, kranker und einsamer Menschen.

Esther Rosenbaum erzählt:

In der Schule spiele ich oft mit Hina und Puran. Inzwischen haben sich auch unsere Eltern angefreundet. Wir laden uns gegenseitig zu Festen ein, zum Beispiel Chanukka, Fest des Fastenbrechens und Wesak.

Was unser Glaube mit Sport zu tun hat

Ruth erklärt:

Ich spiele Handball im Makkabi-Verein. Willst du wissen, wo der Name herkommt? Also, 167 v. Chr. wurden Jüdinnen und Juden von dem syrischen König Antiochus IV. Epiphanes unterdrückt. Judas Makkabäus baute mit wenigen tapferen Männern eine Widerstandsbewegung gegen den syrischen König auf. Max Nordau – der lebte vor ungefähr 100 Jahren – war der Meinung, dass Juden mehr Selbstvertrauen und Selbstachtung gewinnen würden, wenn sie sportlich erfolgreich wären. Viele dachten damals, dass Juden keine Muskeln hätten und nur über den Büchern hockten. Anfang des 20. Jahrhunderts entstand die Makkabi-Bewegung, die viele Sportvereine gründete. Die »World Maccabi Union« ist heute mit 450.000 Mitgliedern die größte jüdische Sport- und Jugendbewegung. Besonders gern betreiben jüdische Sportler und Sportlerinnen Sportarten der Selbstverteidigung: Boxen, Ringen, Fechten, aber auch Gewichtheben, Fußball, Handball, Leichtathletik und Tischtennis.

David erzählt:

Ich gehe dreimal in der Woche zum Makkabi-Verein, um Tischtennis zu spielen. Dass ich im Rollstuhl sitze, macht nichts aus. Ich kann trotzdem trainieren. Unser Klub nimmt auch an Meisterschaften für Behinderte teil. In Israel helfen Sportvereine im Netzwerk »Beit Halochem« (»Haus der Krieger«) Behinderten, ihre Handicaps zu überwinden.

Israelische Sportlerinnen und Sportler sind dank dieser Förderungen regelmäßige Teilnehmer an den Paralympics (Olympische Spiele für Behinderte).

Ari erzählt:

Juden gründeten auch viele Fußballvereine. Sie trugen wesentlich zur Gründung des DFB bei und stellten in vielen Mannschaften Spieler. Es gab zwei jüdische Nationalspieler: Julius Hirsch mit sieben und Gottfried Fuchs mit sechs Berufungen.

Daniel berichtet:

Es gibt auch eine Makkabiade. Das ist so etwas Ähnliches wie eine Olympiade. Das erste Sportstadion Israels wurde bei Tel Aviv gebaut. Vom 28. März bis 2. April 1932 fand die erste Makkabiade in Jerusalem statt.

Ruth fügt hinzu:

1965 wurde Makkabi Deutschland neu gegründet und als Verband in den Deutschen Sportbund aufgenommen. Als eine seiner Hauptaufgaben betrachtet er die Integration der jüdischen Neuzuwanderer aus der ehemaligen Sowjetunion. Er möchte einerseits traditionelle jüdische Werte vermitteln, aber auch durch den Sport zu einem Verständnis zwischen Juden und Nichtjuden beitragen. Die sportlichen Aktivitäten konzentrieren sich auf die Deutschen Makkabi-Meisterschaften, die alle vier Jahre stattfinden. Es gibt auch die Europäischen Makkabi-Spiele und schließlich die ebenfalls alle vier Jahre abgehaltene internationale Makkabiade. Die 21. Makkabiade fand im Juli 2022 in Jerusalem statt.

Unsere Religion will den Frieden, aber ...

Daniel und Peter chatten

Lieber Daniel,

als ich bei deiner Bar Mizwa-Feier war, hat dein Vater mir erklärt, dass Schalom (Friede) einer der Namen Gottes ist und dass euer Judentum Gewalt und Hass ablehnt. Aber ich lese immer wieder in der Zeitung von Krieg und Gewalt in Israel. Wie passt das zusammen?

Gruß Peter

Lieber Peter,

die Situation in Israel ist schwierig. Und wir sind von Ländern umgeben, die unseren Staat nicht anerkennen. Das Judentum verbietet Mord, aber erlaubt zu töten, wenn man sich verteidigen muss.

Gruß Daniel

Lieber Daniel,

ich verstehe schon, dass die Lage bei euch schwierig ist. Doch steht nicht in der Bibel, dass man den Bruder nicht hassen darf und den Nächsten wie sich selbst lieben soll? Unser Pfarrer hat gesagt: Nach Psalm 11,5 hasst Gott Gewaltliebende. In Not geratenen Menschen soll man zu Hilfe kommen (Sprüche 25,21-22).

Gruß Peter

Lieber Peter,

die Tora fordert keinen Frieden um jeden Preis: Über dem Wunsch nach Frieden steht die Pflicht, menschliches Leben zu retten und notfalls gegen Angreifende zu verteidigen. Wir Juden und Jüdinnen lebten schon vor über 3000 Jahren in Israel, wurden aber nach der Zerstörung des Tempels in alle Welt zerstreut. Ab 1922 durften wir zurückkehren, und seit 1948 haben wir wieder einen Staat Israel. Aber inzwischen wohnten andere Völker in diesem Land, wie z.B. die Palästinenser. Auch sie betrachten unser Land als ihre Heimat. Deshalb gibt es immer wieder Streit.

Gruß Daniel

Lieber Daniel,

ich weiß, dass Jerusalem den Gläubigen des Judentums, Christentums und Islams heilig ist und es deshalb immer wieder Krieg und Gewalt gibt. Aber trotzdem muss es doch irgendwie möglich sein, in Frieden zu leben und die Rechte von allen zu achten.

Gruß Peter

Lieber Peter,

trotz verschiedener Abkommen und Verträge konnte bisher kein Frieden erzielt werden. Hinzukommt, dass Israel das Land unserer Vorväter ist, Ort unseres Tempels und Zentrum unseres Glaubens. Die muslimischen Palästinenser haben dieses Gebiet ebenfalls lange Zeit besessen und haben dort ihre Heiligtümer Felsendom und al-Aqsa-Moschee. Immer wieder werden Terroranschläge verübt. Aber bis alle in Frieden leben, ist es noch ein weiter Weg.

Gruß Daniel

Spuren des Judentums in Deutschland

Ruth stellt fest:

Unsere Hebräische Bibel kennt schon seit Jahrtausenden den Sabbat. Weil Gott nach der Schöpfung am siebten Tag ruhte, dürfen sich auch Menschen und Tiere an diesem Tag ausruhen. Der Sabbat ist enorm wichtig. Denn HaSchem erlaubte den Menschen, einen Tag in der Woche nicht zu arbeiten. Das war damals ungewöhnlich und neu. Zwar haben Christen den Sabbat zur Erinnerung an Jesus auf den Sonntag verlegt. Aber der wichtige Gedanke des Ruhetages kommt aus unserem Judentum.

David überlegt:

Viele Vornamen, auch von Nicht-Juden, stammen aus unserer Hebräischen Bibel. Mädchen heißen nicht selten Miriam, Sarah, Hanna, Ruth, Anna, Daniela, Eva, Lilli oder Lea. Jungen werden oft Daniel, David, Elias, Hannes, Jakob, Jonas, Aaron, Noah und Samuel genannt. Zu jedem dieser Namen gibt es eine oder mehrere spannende Bibel-Geschichten.

Herr Cohn ergänzt:

In vielen Städten kann man noch jüdische Viertel besichtigen; denn im Mittelalter mussten Juden in gesonderten Stadtteilen wohnen. Es gibt auch jüdische Friedhöfe mit alten Gräbern, die an die jüdische Geschichte erinnern. In Speyer kann man eine Mikwe bewundern.

Friedhof Heiliger Sand in Worms

Samuel Rosenbaum erklärt:

In der deutschen Sprache gibt es Wörter, die aus dem Jiddischen stammen. Dies war die Volkssprache der osteuropäischen Juden und Jüdinnen und hat mittelhochdeutsche und hebräische Wurzeln. Vielleicht kennt jemand folgende jiddischen Wörter: Kaff für einen kleinen Ort vom hebräischen Wort Kfar (Dorf). Das Wort Ganove kommt vom hebräischen Wort für Dieb (Ganew). Zaster steht für Geld und Zoff für Ärger und Streit. Schlamassel bedeutet Unglück und ist von den jiddischen Begriffen schlimm (masal = schlechter Stern) abgeleitet. Schmiere stehen kommt vom hebräischen Wort für Wache (schmiro). Das jiddische Wort Zocken bedeutet Glücksspiel. Malochen kommt von dem hebräischen Wort für arbeiten (melacha).

Feindschaft gegen Juden

Aaron Cohn stellt fest:

Feindschaft gegenüber Juden gibt es seit Jahrtausenden. Sie wurden oft verleumdet, unterdrückt und ungerecht behandelt. Man nannte sie Gottesmörder und behauptete, dass sie Kinder raubten, um sie rituell zu ermorden. Auch seien Juden schuld an der Pest, weil sie die Brunnen vergiftet hätten.

Rebekka Rosenbaum erklärt:

Es gab aber auch gute Zeiten: zum Beispiel im Kalifat von Al-Andalus im heutigen Spanien. In Cordoba, Toledo, Sevilla lebten Juden, Christen und Muslime jahrhundertelang friedlich zusammen. Juden bekleideten sogar hohe Ämter. Christliche Händler machten Geschäfte mit muslimischen Handwerkern und jüdischen Kaufleuten.

Sara Cohn ergänzt:

Viele Juden und Jüdinnen hier in Deutschland waren berühmte Wissenschaftler und Künstler, Bankiers und Geschäftsleute. Juden wie Moses Mendelssohn spielten eine wichtige Rolle in der Aufklärung. Das war die Zeit, als Gedanken wie Freiheit und Menschenrechte entstanden.

Hannah Hirsch erzählt stockend:

Als Adolf Hitler und die »Nationalsozialistische Deutsche Arbeiterpartei«, die NSDAP, 1933 an die Macht kamen, wollten sie alle Juden aus Deutschland vertreiben. Sie behaupteten, die Juden seien an allem Übel in Deutschland schuld.

Chaim Hirsch fährt fort:

Das Geschäft unserer Familie wurde damals zerstört. Da war meine Großmutter noch ein Kind. Immer wieder hat sie mir erzählt, welche entsetzliche Angst sie hatte, als die Scheiben zerschlagen wurden und wütende Menschen sie und ihre Eltern beschimpften und bedrohten.

Aaron Cohn erläutert:

Jüdische Kinder durften nur noch auf jüdische Schulen gehen und nicht mehr mit ihren nicht-jüdischen Freundinnen und Freunden spielen. Juden durften keine Theater und Kinos besuchen, nicht ins Schwimmbad oder auf Sportplätze gehen. Sie durften viele Berufe nicht mehr ausüben. Später mussten sie einen handtellergroßen sechszackigen gelben Stern auf ihrer Kleidung tragen.

Hana Hirsch fügt hinzu:

Dann wurden alle Juden enteignet, in Konzentrationslager verschleppt und ermordet. Sechs Millionen jüdische Menschen kamen in den Vernichtungslagern um. Damals ist etwas Grauenvolles geschehen, schrecklicher, als man sich vorstellen kann. Wir nennen diesen Völkermord »Schoa« (Katastrophe) oder auch »Holocaust« (»Ganzopfer«).

Samuel Rosenbaum gibt zu bedenken:

Sicher haben viele aus der Vergangenheit gelernt und wollen, dass so etwas Schreckliches nie wieder passiert. Aber immer noch werden Synagogen beschädigt, Gräber verwüstet oder hässliche Judenwitze erzählt. In den letzten Jahren haben die Angriffe auf Juden und jüdische Einrichtungen deutlich zugenommen.

Christentum

Die Vielfalt des Christentums

Weltweit gibt es 2,3 Milliarden Christinnen und Christen. Christentum ist ein Sammelbegriff, der verschiedene Kirchen umfasst. Alle Christen und Christinnen glauben an den einen Gott, der drei »Gesichter« hat: Gott Vater – Gottes Sohn Jesus Christus – Gott Heiliger Geist. Das ist die Dreieinigkeit oder Trinität Gottes.

Es gibt *Katholiken*, *Evangelische* und *Orthodoxe*. Diese Richtungen haben sich vor langer Zeit getrennt, weil sie sich über entscheidende Glaubensfragen nicht einigen konnten.

Seit dem 2. oder 3. Jahrhundert nennt sich die christliche Kirche katholisch, das bedeutet allumfassend. Damit sind alle christlichen Gläubigen gemeint. Dann spaltete sich im 11. Jahrhundert die orthodoxe Kirche ab, und im 16. Jahrhundert entstanden als Folge der Reformation die evangelischen Kirchen. Heute wird das Wort »katholisch« im Allgemeinen verwendet, um diejenigen zu bezeichnen, die zur römisch-katholischen Kirche gehören. Martin Luther nannte seine Bemühungen, die katholische Kirche zu reformieren, »evangelisch«. Er wollte, dass die Gläubigen wieder evangelischer werden. Das heißt, sie sollten sich wieder stärker nach der Botschaft der Evangelien richten. Später entstanden aus diesem Bemühen verschiedene kirchliche Gemeinschaften, die sich evangelisch nannten. Heute bedeutet evangelisch zu sein, einer der evangelischen Kirchen und nicht der katholischen oder orthodoxen Kirche anzugehören.

Orthodox ist Griechisch und bedeutet »rechtgläubig«. Orthodoxe Kirchen sind vor allem in Russland, der Ukraine, Rumänien, Griechenland und anderen osteuropäischen Ländern verbreitet. Die in unserem Land Schutz suchenden christlichen Flüchtlinge gehören zum Beispiel der syrisch-, serbisch- und der äthiopisch-orthodoxen Kirche an.

Die Kirchen setzen sich aus mehreren Konfessionsfamilien zusammen: Katholiken, Lutheraner, Reformierte, Methodisten, Baptisten, Kongregationalisten, Pfingstkirchen, in Afrika entstandene Kirchen, Anglikaner, Waldenser, Heilungskirchen, Brüder-Unität und historische Friedenskirchen, östlich- und orientalisch-orthodoxe Kirchen u.a.

Es gibt zahlreiche Menschen, die sich mit der Zeit von ihrem Glauben entfernt haben. Viele von ihnen sind daher aus der Kirche ausgetreten.

BETHEL

GEMEINDEHA

SCHAU DIR DAS WOHNHAUS AUF DER WIMMELSEITE GENAU AN:

Im Erdgeschoss wohnen Klaus und Ute Schneider mit ihren Kindern Peter, Martin und Christina. Die Schneiders sind katholisch.

Entdecke Familie Schneider auf dem Wimmelbild:

Christina, Peter und Martin sammeln als Sternsinger zusammen mit dem Kaplan Rolf Müller für arme Kinder in aller Welt. Ute Schneider arbeitet im Büro der Caritas. Klaus Schneider hat eine Kamera in der Hand.

Im ersten Stock wohnen Maria und Mikail Saravakos mit ihren Kindern Sofia und Vasili. Familie Saravakos ist griechisch-orthodox.

Entdecke Familie Saravakos auf dem Wimmelbild:

Maria Saravakos steht am Fenster mit einem Fläschchen geweihtem Wasser in der Hand. Sofia mit Mütze und Umhängetasche geht zu einem speziellen Computerkurs für Mädchen, der von der orthodoxen Gemeinde veranstaltet wird. Vasili ist auf dem Weg zum Hockey-Training. Mikail Saravakos arbeitet im Jugendamt und trägt eine Aktentasche.

Im Dachgeschoss wohnen Beate und Christian Meyer mit ihren Kindern Thomas und Anna. Die Meyers sind evangelisch.

Entdecke Familie Meyer auf dem Wimmelbild:

Beate Meyer singt im Gemeindechor. Anna Meyer begleitet ihren Bruder Thomas in den Kindergarten. Christian Meyer fährt das Auto vom Roten Kreuz.

Rüdiger Mahlmann trägt eine grüne Jacke und hat die Hände in den Taschen. Er war ursprünglich katholisch. Inzwischen spielt das Christentum keine Rolle mehr in seinem Leben. Julia Krause sitzt hinten im

Auto des Roten Kreuzes. Sie arbeitet gern für diese Organisation, weil sie Menschen helfen will. Auch sie steht der Kirche kritisch gegenüber.

Entdecke Rüdiger Mahlmann und Julia Krause auf dem Wimmelbild.

Heilige Orte

Jerusalem – die himmlische Stadt

Für Christen und Christinnen ist Jerusalem besonders heilig, weil Jesus dort lehrte, predigte und Wunder tat. Er wurde in dieser Stadt gekreuzigt und begraben. Daran erinnert die Grabeskirche. Seit dem 4. Jahrhundert pilgern die Gläubigen in das Heilige Land und nach Jerusalem.

Fünf Kilometer südlich von Jerusalem liegt Betlehem (»Brothausen«). Die heutige Geburtskirche entstand über der Stelle, wo Maria der Überlieferung zufolge Jesus zur Welt brachte. Betlehem ist Bischofssitz der griechisch-orthodoxen Kirche, und auch die Gottesdienste in der Geburtskirche werden nach griechisch-orthodoxem Ritus abgehalten. Die Geburtsstätte liegt in einer Grotte unter dem Chor.

Rom – die Ewige Stadt

War für die Alte Kirche das Heilige Land mit Jerusalem die heiligste aller christlichen Stätten, so änderte sich dies ab dem frühen Mittelalter. Nachdem die Apostel Petrus und Paulus nach Rom gezogen waren und dort auf Befehl des Kaisers hingerichtet wurden, entwickelte sich Rom immer mehr zum Mittelpunkt der christlichen Kirche im Westen. Rom ist das Zentrum der katholischen Kirche und Sitz des Vatikans, der obersten Behörde der katholischen Kirche.

Der Petersdom im Vatikan in Rom

Santiago de Compostela – das Grab des heiligen Jakobus

Diese nordwestspanische Stadt ist neben Rom und Jerusalem der wichtigste Wallfahrtsort der Christenheit. Unzählige Pilgernde zogen seit der legendären Entdeckung des Apostelgrabes Anfang des 9. Jahrhunderts aus ganz Europa hierher. Bis heute unternehmen viele Christinnen und Christen eine Pilgerreise dorthin.

Der Berg Athos

Der Berg Athos in Griechenland ist seit über 1000 Jahren ein Zentrum orthodoxer Kirche und Malkunst. Die UNESCO erklärte die Klosterrepublik von Athos 1988 zum Weltkulturerbe: als Kultur- und Naturdenkmal. Seit dem 11. Jahrhundert dürfen Frauen den Heiligen Berg nicht betreten, nicht einmal weibliche Tiere werden hier geduldet. Neben der Mehrheit der griechisch-orthodoxen Klöster bekennt sich je ein Kloster zur russisch-, bulgarisch- und serbisch-orthodoxen Tradition. Der Berg Athos wird »heiliger Berg« genannt wegen der zahlreichen Mönche und Asketen, die seine Klöster und Hütten bewohnen, und wegen der vielen Heiligtümer, Gnadenbilder und Reliquien.

Das Kloster des Simon Petrus auf dem Berg Athos

Unser heiliges Gebäude, die Kirche

Anna erklärt:

Das wichtigste Erkennungszeichen des Christentums ist das Kreuz. Es erinnert an Jesu Sterben und Tod. Zugleich gilt es als Siegeszeichen über den Tod.

Alle christlichen Kirchen haben einen Altar beziehungsweise wie die Reformierten und Freikirchen einen Abendmahlstisch, eine Kanzel und ein Taufbecken. Evangelische und katholische Gläubige versammeln sich in der Kirche zum Gottesdienst oder zum stillen Gebet. In katholischen Kirchen finden jeden Tag Heilige Messen und Wortgottesdienste statt. In evangelischen Kirchen wird der Hauptgottesdienst am Sonntagmorgen, dem christlichen Wochenbeginn, gefeiert.

Viele Kirchen erkennt man schon von außen: an ihren Glockentürmen. Oft kann man aber erst beim Eintreten unterscheiden, ob dies eine evangelische

Altar, Kanzel und
Taufbecken in einer Kirche

oder katholische Kirche ist. In evangelischen Kirchen haben wir einen Altar bzw. Abendmahlstisch mit Kerzen und Blumen und auch eine Kanzel. In katholischen Kirchen gibt es am Eingang ein Weihwasserbecken. Die Gläubigen besprengen sich mit Wasser und machen ein Kreuzeszeichen. Oft haben katholische Kirchen mehrere Beichtstühle, in denen Christen und Christinnen ihre Sünden vor einem Priester aussprechen. Neben dem Altar befindet sich ein Schrank, der Tabernakel genannt wird. Darin werden die Reste des heiligen Brotes von der Messe aufgehoben. In der Nähe des Tabernakels brennt immer eine Kerze. Wir gehen fast jeden Sonntag zur Kirche. Manchmal feiern wir auch ökumenischen Gottesdienst mit den katholischen Christen und Christinnen zusammen.

Beim Gottesdienst singen und beten wir, hören Texte aus der Bibel, und die Pfarrerin oder der Pfarrer hält eine Predigt. Wenn das Glaubensbekenntnis gesprochen wird, stehen wir auf. Das tun wir auch bei anderen wichtigen Texten. Die Predigt hören wir im Sitzen. Unsere Pfarrerin oder unser Pfarrer liest Texte aus der Bibel vor. Wir glauben, dass Jesus Christus im Abendmahl gegenwärtig ist. Beim Abendmahl teilen wir Brot und Wein miteinander. Katholische Christinnen und Christen feiern die Eucharistie. Wenn der Priester die Heilige Messe feiert, dann handelt Christus durch ihn. Am deutlichsten wird dies, wenn er die Wandlungsworte über die Opfergaben spricht: Brot und Wein werden dann zu Leib und Blut Christi.

Rüdiger Mahlmann erklärt:

Ich bin aus der katholischen Kirche ausgetreten, weil ich sie nicht mehr zeitgemäß finde. Die Predigten haben mir nicht geholfen, meine Probleme zu lösen. Statt Kirchensteuer zu zahlen, möchte ich lieber selbst entscheiden, wofür ich mein Geld spende. Ich finde es auch ungerecht, dass Frauen nicht Priesterin werden können und dass Priester nicht heiraten dürfen.

Sofia fährt fort:

Altar und Kreuz haben orthodoxe Kirchen auch. Aber vor allem gibt es dort eine Bilderwand mit Ikonen. Dahinter erst liegt der Altarraum. Diese Bilderwand nennt man Ikonostase. Dies ist eine Trennschranke zwischen Altar- und Gemeinderaum. Sie hat drei Türen. Die Bilderwand gilt als Tor zur himmlischen Welt. Wenn wir die Kirche betreten, bekreuzigen wir uns zweimal, verbeugen uns und küssen die Festtagsikone, die wichtige Stationen im Leben von Maria und Jesus darstellt.

Diese Ikone aus dem 13. Jahrhundert zeigt Jesus auf dem Arm seiner Mutter Maria

Unsere Ikonen sind »heilige Bilder«. Sie werden in den Klöstern gemalt. Oft malen mehrere Mönche an derselben Ikone. Das Malen ist eine religiöse Handlung. Der Maler bereitet sich durch Fasten und Buße darauf vor. Pinsel, Holz und Farben werden vorher geweiht. Anschließend wird die Ikone selbst geweiht.

Woran wir glauben

Martin erklärt:

Ich glaube an *Gott*. Er hat die Welt geschaffen und ist der Vater aller Menschen. Gott hat seinen Sohn *Jesus* zu den Menschen geschickt. *Christus* ist ein Ehrentitel für Jesus. Das ist ein griechisches Wort und bedeutet, dass Gott Jesus zu einem König gemacht hat.

»Christus der Erlöser« ist ein Monument in Rio de Janeiro (Brasilien)

Jesus war Jude. Er hat vor etwa 2000 Jahren im heutigen Israel gelebt. Jesus ist am Kreuz gestorben. Aber er ist wieder auferstanden. Seine Jüngerinnen und Jünger sind ihm leibhaftig begegnet. Wir glauben, dass Gott auch uns nach dem Tod wieder auferweckt. Wir glauben daran, dass Gott uns seinen *Heiligen Geist* schenkt, damit wir nach seinem Vorbild leben.

Wir heißen Christen, weil wir uns nach Christus nennen. Jesus Christus war ein besonderer Mensch. Er war Gottes Sohn. Jesus redete Gott mit »Abba« an. Das bedeutet Vater.

Julia Krause kritisiert:

Inzwischen zweifele ich, ob es Gott überhaupt gibt. Überall auf der Welt passieren Leid, Krieg, Gewalt und Unrecht. Wenn es Gott gäbe, müsste er doch eingreifen und etwas dagegen tun!

Die Geschichte von Jesus

Christina fährt fort:

Jesus stammt wahrscheinlich aus Nazaret in Galiläa, nicht aus Betlehem. Seine Mutter heißt Maria. Josef ist der Name des Vaters. Schon als Jugendlicher arbeitet Jesus wie sein Vater als Bauhandwerker. Dann schließt er sich einer religiösen Bewegung an, die von Johannes dem Täufer geleitet wird. Johannes predigt den breiten Massen, vor allem den Armen und Ausgestoßenen, dass das Gericht kommt und eine neue Zeit beginnt. Jesus lässt sich von Johannes taufen.

Bald aber trennt er sich von ihm. Zunächst wirkt er in Galiläa, später in Jerusalem. Er tritt in den Synagogen als »Lehrer« auf. Das Volk verehrt ihn als »Rabbi«. Das ist ein hebräisches Wort und bedeutet Meister, Lehrer.

Jesus wählt sich seine »Jüngerinnen« und »Jünger« selbst aus. Meist sind es einfache Menschen aus Galiläa. Besonders kümmert sich Jesus um Menschen, die ausgestoßen sind und von den anderen gemieden werden. Oft sitzt er mit den sogenannten »Sünderinnen« und »Sündern« gemeinsam an einem Tisch und isst mit ihnen.

Jesus spricht vom Reich Gottes

Jesus verkündet die Botschaft von *Gottes Himmelreich* und Herrschaft, heilt Kranke und macht Tote wieder lebendig. Damals wünschen sich viele Menschen das Gottesreich sehnsüchtig herbei. Manche warten auf einen König, der alle Feinde besiegen wird. Bei Jesus jedoch kommt alles auf die »Umkehr« an: Die Menschen sollen sich bessern. Wenn Jesus vom Gottesreich erzählt, benutzt er sprachliche Bilder: Wie ein Dieb in der Nacht, so kann auch Gottes Reich jeden Augenblick kommen ...

Jesus spricht von seinem »himmlischen Vater«, der die sündigen Menschen sucht. Gott ist wie ein Hirte, der auch ein einzelnes verlorenes Schaf sucht, selbst wenn er dafür seine Herde verlassen muss. Gottes Willen erfüllt man, indem man sich um die Armen kümmert. So wie Gott alle Menschen liebt, so soll der Mensch seine Mitmenschen lieben – auch seine Feindinnen und Feinde.

Nur ein bis zwei Jahre lang ist Jesus damals in den Landstrichen Galiläa und Judaä in Israel umhergezogen, hat Kranke geheilt und gepredigt. Seine Wanderung endet mit seinem Tod in Jerusalem im Jahre 30 oder 31. Hier wird er gekreuzigt, weil man ihn für einen politischen Aufrührer hält.

Mit seinem Tod ist aber nicht alles aus. Kurz nach der Kreuzigung verkünden seine Jünger und Jüngerinnen, dass Jesus gar nicht tot ist. Er ist von Gott auferweckt worden. Am Ostertag und danach zeigt sich Jesus mehreren Anhängerinnen und Anhängern.

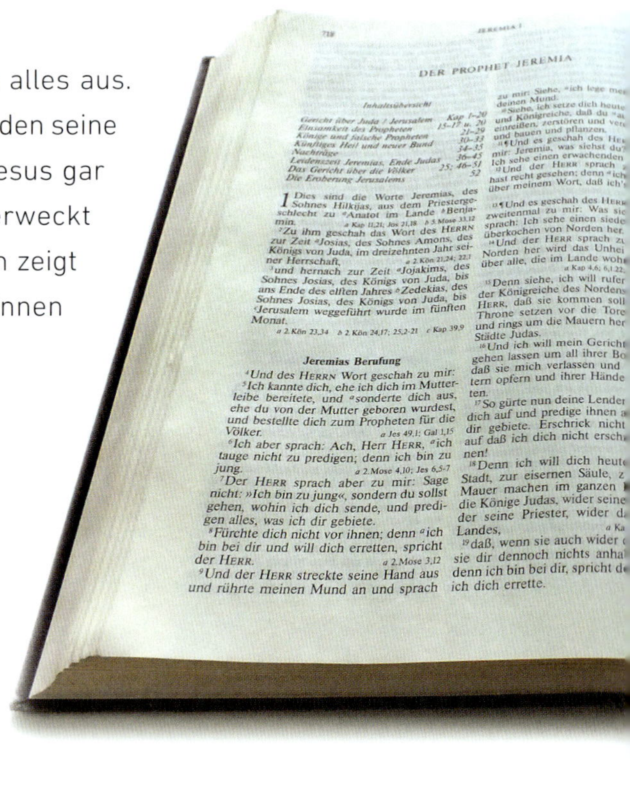

Unser heiliges Buch, die Bibel

Herr Meyer erklärt:

Wir Evangelischen haben dieselbe Bibel wie Katholiken und Katholikinnen. Bibel kommt vom griechischen Wort *biblia* und bedeutet einfach »Bücher«. Darin haben Menschen ihre Erfahrungen mit Gott aufgeschrieben.

Die Bibel besteht aus dem »Alten« und »Neuen Testament«. Testament ist lateinisch und bedeutet Bund; gemeint ist damit der Bund zwischen Gott und den Menschen. Was bei uns Altes oder Erstes Testament heißt, ist auch die Bibel des Judentums. Am Anfang des Neuen bzw. Zweiten Testaments stehen die vier Evangelien. Hier erzählen die Evangelisten Matthäus, Markus, Lukas und Johannes von Jesus. Außerdem enthält das Neue Testament die Apostelgeschichte, in der Lukas von den Taten der ersten Christen und Christinnen berichtet, vor allem über den Apostel Paulus. Viele Briefe im Neuen Testament stammen von diesem bedeutenden Apostel, der durch seine großen Missionsreisen und Gemeindegründungen in der heutigen Türkei und Griechenland viel für die Verbreitung des Christentums getan hat.

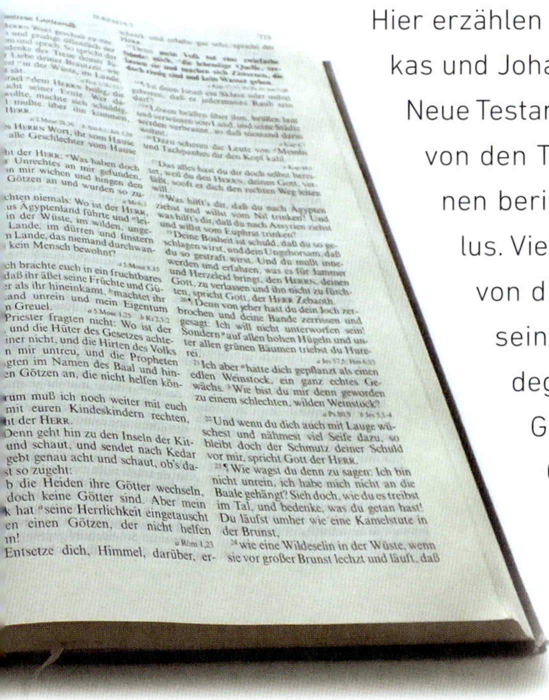

Unsere großen Gemeinschaftsfeste

Weihnachten

Peter erzählt:

Unser schönstes Fest ist Weihnachten. Dann feiern wir die Geburt Jesu. In der Weihnachtsgeschichte heißt es: Maria und Josef mussten in den Geburtsort Josefs reisen, den Matthäus und Lukas mit Bethlehem angeben. Josef musste sich dort in eine Steuerliste eintragen. Maria war schwanger und da Maria und Josef keine Schlafmöglichkeit fanden, wurde Jesus in einem Stall geboren. Er kam also in ganz ärmlichen Verhältnissen zur Welt.

Zu Hause haben wir eine Krippe mit Figuren von Maria, Josef, Jesus, Esel und Ochsen. Zu Weihnachten stellen wir sie im Wohnzimmer auf. Wir haben auch Figuren von den Hirten, denen der Engel Gottes erschien, um ihnen die Geburt Jesu zu verkünden. Fast jede Familie schmückt einen Weihnachtsbaum, unter den zur Bescherung die Geschenke gelegt werden. Die Kerzen am Baum erinnern daran, dass Jesus »das Licht der Welt« genannt wird.

Julia Krause stellt fest:

Ich verstehe, dass Kinder sich auf Weihnachten freuen. Aber eigentlich geht es doch nur um Geschäfte und Konsum. Mit der Geburt Jesu hat das alles nicht mehr viel zu tun.

Heilige Drei Könige

Am 6. Januar feiern die katholischen Christen und Christinnen den Besuch der Heiligen Drei Könige beim Jesuskind. Dieses Fest heißt auch »Erscheinung des Herrn«. An diesem Tag ziehen Kinder, die sich als Könige verkleidet haben, durch die Straßen. Sie schreiben die Buchstaben C M B auf die Haustüren. Das steht für den lateinischen Segensspruch »Christus segne diese Haus« – und für die Namen der drei heiligen Könige: Caspar, Melchior und Balthasar.

Vasili erzählt:

Für uns griechisch-orthodoxe Christen beginnt die Weihnachtszeit mit einem festlichen Essen und einem Gottesdienst zu Christi Geburt am 24. Dezember. Vorher ziehen die Kinder von Haus zu Haus und erhalten etwas Süßes. Geschenke bringt der heilige Basilius erst in der Neujahrsnacht. Auf den 24. Dezember folgt eine zwölftägige Weihnachtszeit, die am 6. Januar mit dem Gedenken an die Erscheinung des Herrn und die Taufe Jesu endet. Die russisch-orthodoxen und serbisch-orthodoxen Christen, die ihre Feiertage nach dem julianischen Kalender berechnen, feiern am 6. Januar die Geburt Jesu.

Karneval, Aschermittwoch und Fastenzeit

Peter im Cowboykostüm

Thomas berichtet:

Ich freue mich immer sehr auf Karneval. Dann verkleiden wir uns, und jede Stadt und jedes Dorf hat einen eigenen Karnevalszug mit bunt geschmückten Wagen. Letztes Jahr war ich Cowboy wie mein Freund Peter. Das nächste Mal möchte ich mich als Vampir verkleiden und alle erschrecken.

Christina fährt fort:

Karneval wird in manchen Gegenden auch Fasching oder Fastnacht genannt. Nach Karneval beginnt die Fastenzeit. Sie dauert 40 Tage und geht bis Karfreitag. Aschermittwoch heißt im Katholizismus der Tag nach Rosenmontag und Faschingsdienstag. Katholische Christinnen und Christen bekommen dann auf die Stirn ein Aschekreuz gezeichnet. Damit zeigen die Christen, dass sie in der kommenden Fastenzeit darüber nachdenken wollen, wie sie Jesus nachfolgen können.

Karfreitag, Ostern, Himmelfahrt und Pfingsten

Frau Meyer sagt:

Zwei Tage vor Ostern ist Karfreitag. Dann denken wir an die Kreuzigung Jesu. Wir nehmen diesen traurigen Tag besonders ernst. Im Gottesdienst hören wir, wie Jesus verraten, gefangen genommen, gefoltert und gekreuzigt wurde. In unserer Kirche gibt es wegen der Trauer keinen Altarschmuck und keine brennenden Kerzen. Oft schweigt die Orgel und es werden auch keine Glocken geläutet.

Am Ostersonntag feiern wir die Auferstehung Jesu von den Toten. Die orthodoxen Christen und Christinnen feiern einen besonders schönen Gottesdienst in der Osternacht. Inzwischen machen das auch immer mehr evangelische und katholische Kirchen.

Ostern ist ein fröhliches Fest, ein Fest der Hoffnung. Wir glauben: Weil Jesus auferstanden ist, werden auch wir von den Toten auferstehen. An Christi Himmelfahrt, 40 Tage nach Ostern, feiern wir die Rückkehr Jesu Christi als Sohn Gottes zu seinem Vater in den Himmel.

Die Osterzeit dauert 50 Tage und endet mit Pfingsten. Das ist das Fest des »Heiligen Geistes« und der Geburtstag der Kirche.

Vasili berichtet:

Die Osternacht ist bei uns Orthodoxen etwas ganz Besonderes. Bevor wir spätabends in die Kirche gehen, besorgt sich jeder eine lange Kerze, die vorher mit Weihwasser besprengt worden ist. Die Kirche ist so voll, dass man kaum einen Platz findet. Dann treten die Priester aus der Tür des Altarraums, voran der Bischof mit einem weißen, goldbestickten Gewand und einer goldenen Krone auf dem Kopf. Die Priester singen abwechselnd mit dem Chor. Der Gottesdienst ist ernst, die Gesänge sind traurig. Denn Jesus liegt ja im Felsengrab. Plötzlich wird die Kirche dunkel. Die Priester verschwinden hinter der Bilderwand, der Chor schweigt. Überall herrscht atemlose Stille, bis die Kirchturmuhr 12 Uhr Mitternacht schlägt. Nach dem letzten Glockenschlag öffnet sich die Tür weit. Aus dem Raum dringt ein heller Lichtschein in die Kirche. Der Bischof tritt heraus, in den Händen eine riesige brennende Kerze. Er hebt sie über den Kopf und ruft mit lauter, feierlicher Stimme: »Christos anesti« – Christus ist auferstanden.

Dann entzünden die Priester und Chorknaben ihre Kerzen am großen Osterlicht des Bischofs. Anschließend werden immer mehr Kerzen entzündet und weitergereicht. Das Osterfeuer wird von Kerze zu Kerze weitergegeben, bis der ganze Kirchenraum erhellt ist. Dazu jubeln die Menschen, umarmen einander und rufen: »Christus ist auferstanden!«

Pfingsten

Sandra und Thomas streiten sich über die wichtigsten Feste im Jahr. »Am allerwichtigsten ist Weihnachten!«, sagt Sandra. »Schon wegen der Weihnachtsgeschenke.«

»Geburtstag ist genauso wichtig!«, ruft Thomas und denkt dabei daran, dass er nächste Woche Geburtstag hat. Der große Wunschzettel liegt bereits auf Papas Schreibtisch.
»Gut, Weihnachten und Geburtstag sind gleich wichtig!«, stimmt Sandra zu.
»Und dann kommt Ostern!«, sagt Thomas.
»Ja. Ostern ist auch ganz schön wichtig!«, meint Sandra, denn die bunten Ostereier isst sie ganz besonders gern.
Danach einigen sich die Kinder noch darauf, dass der Nikolaustag und das Martinsfest auch wichtige Feste sind. Besonders deshalb, weil sie im Winter gefeiert werden und etwas Geheimnisvolles haben. Thomas erinnert sich auch an die schöne Laterne, die er für den Martinsumzug gebastelt hat.
»Erntedankfest!«, schlägt Sandra noch vor.
»Ja, das ist auch ganz schön wichtig!«, meint Thomas. »Aber nicht so wichtig wie Geburtstag, Weihnachten und Ostern.«
»Und wie ist es mit Pfingsten?«, fragt die Mutter, die aufmerksam ihren Kindern zugehört hat.
»Ja, Pfingsten ist eigentlich nicht so wichtig!«, stellt Thomas fest, nachdem er eine Weile nachgedacht hat.
»Nein, Pfingsten ist nicht so wichtig!«, fügt Sandra hinzu. »Da gibt es noch nicht einmal lange Ferien!«
»Das stimmt!«, sagt Thomas, der bereits zur Schule geht. »Die Osterferien und Weihnachtsferien sind viel länger!«
Die Mutter lacht. Dann sagt sie:
»Ohne Pfingsten gäbe es bei uns kein Weihnachten und kein Ostern. Wir würden keines eurer allerwichtigsten Feste feiern. Wir würden nicht einmal wissen, dass es diese Feste gibt.«

Keine Weihnachtsgeschenke! Keine Ostereier!

Was soll das mit Pfingsten zu tun haben? Sandra und Thomas wundern sich nur.

»Pfingsten trafen sich die Freunde Jesu. Da schickte Gott sie in alle Welt, um allen Menschen von Jesus zu erzählen. Die Freunde nannten sich Christen, nach Jesus Christus. Sie erzählten überall von Jesus. Sie erzählten, dass er in einem Stall geboren wurde und später am Kreuz sterben musste und dass er der König der Welt ist«, erzählt die Mutter.

»Deshalb gibt es Weihnachten und Ostern bei uns?«, fragt Thomas mit großen Augen.

»Ja!«, lacht die Mutter. »Seitdem gibt es viele Menschen auf der Welt, die Christen heißen, bei uns, in Italien, in Schweden, in Amerika, in Afrika, in Australien, in Asien ... überall auf der Welt!«

Jetzt fragt Sandra: »Woran erkennt man denn, dass sie Christen sind?«

»Sie sind getauft«, sagt die Mutter. »Sie gehen zur Kirche, sie feiern all die christlichen Feste, die an Jesus Christus erinnern, zum Beispiel Weihnachten und Ostern.«

»Und ohne Pfingsten gäbe es bei uns kein Weihnachten und kein Ostern?«, fragt Sandra noch einmal.

Als die Mutter nickt, meint sie: »Dann ist Pfingsten doch ein ganz schön wichtiges Fest!«

»Ja, an Pfingsten hat alles angefangen!«, sagt die Mutter.

Rolf Krenzer

Warum feiern wir St. Martin?

Peter erklärt:

Am Tag des Heiligen Martin machen wir Kinder einen Umzug mit selbst gebastelten Laternen. Vor uns reitet auf einem Schimmel ein als Römer verkleideter Mann. Der soll an den römischen Soldaten Martin erinnern, der in einer kalten Winternacht seinen Mantel mit einem Bettler teilte.

Ayshe erinnert sich:

Meine Geschwister, ich und andere muslimische Kinder sind immer gern beim Martinszug mitgegangen. Denn Sankt Martin (11. November) erinnert uns daran, dass man teilen muss und schwächere Menschen unterstützen soll. Das ist auch für Muslime und Musliminnen sehr wichtig.

Die großen Feste im Leben eines Christen, einer Christin

Taufe und Geburtstag

Anna berichtet:

Als ich klein war, haben meine Eltern mich taufen lassen. Durch die Taufe bin ich in die christliche Gemeinschaft aufgenommen worden. Die Taufe ist ein Sakrament, eine heilige Handlung, und gilt ein Leben lang. Ich habe eine Patentante und einen Patenonkel, Tante Maria und Onkel Erwin. Beide haben bei der Taufe versprochen, meinen Eltern bei der christlichen Erziehung zu helfen.

Neulich hatten wir eine Taufe in der Kirche. Pastor Mertens hat Wasser über den Kopf des Babys geschüttet und dazu gesagt: »Ich taufe dich im Namen des Vaters, des Sohnes und des Heiligen Geistes.« Das Baby hat unheimlich gebrüllt. Aber alle haben sich gefreut. Die Patin und der Pate haben die Taufkerze gehalten. Auch Erwachsene, die in die Kirche eintreten, werden getauft.

Wir feiern alle unseren Geburtstag. Viele Katholikinnen und Katholiken feiern zusätzlich den Namenstag – am Todestag des Heiligen, nach dem sie benannt sind.

Orthodoxe Taufe

Sofia erzählt:

Mein kleiner Cousin wurde eine Woche nach Ostern getauft. Der Priester spricht Gebete über den Täufling. Die Paten sprechen stellvertretend für das Kind das Glaubensbekenntnis. Der Priester taucht das Kind im geweihten Taufwasser dreimal unter. Dies erinnert an die Dreiheit von Vater, Sohn und Heiligem Geist und daran, dass Christus vor seiner Auferstehung drei Tage im Grab verbrachte. So wie Christus wieder lebendig wurde, gilt auch der Täufling als neu geboren. Die Taufe ist wie bei den evangelischen und katholischen Christen und Christinnen ein Sakrament. Aber das kleine Kind wird bei uns außerdem mit Myron, einem süß riechenden Öl, gesalbt. Dadurch erhält es die Gabe des Heiligen Geistes.

Konfirmation und Heilige Erstkommunion

Thomas erklärt:

Meine Schwester Anna ist letztes Jahr konfirmiert worden. Vorher ist sie zwei Jahre lang einmal in der Woche zum Unterricht gegangen. Oma, Opa, Tanten und Onkel waren da. Wir hatten ein tolles Fest. Alle haben sich schick angezogen. Vor der Tür standen zwei Bäumchen, die mit weißen Bändern und Blumen geschmückt waren. Und wir hatten viel Spaß.

Frau Schneider fährt fort:

Ganz besonders freuen sich die katholischen Kinder darauf, dass sie zur Heiligen Erstkommunion zugelassen werden. Ich glaube, das ist für viele Familien noch wichtiger als die Konfirmation bei den Protestanten. Die wird ja erst gefeiert, wenn die Kinder 14 Jahre alt sind.

Wenn die katholischen Kinder Erstkommunion haben, sind sie ungefähr neun Jahre alt und gehen in das dritte Schuljahr. In unserer katholischen Grundschule ist monatelang von nichts anderem die Rede. Während der letzten Wochen vor dem Fest haben die Kinder Kommunionsunterricht, um sich auf diesen wichtigen Tag vorzubereiten. Das ist der *Weiße Sonntag*, der erste Sonntag nach Ostern. Die Mädchen tragen dann weiße Kleider, und die Jungen erhalten ihren ersten Anzug. Oft kleidet sich die ganze Familie neu ein. Überall kann man Schilder sehen, auf denen zum Beispiel steht: »Dies ist der schönste Tag in meinem Leben«. Schon am Tag vorher kommen Freunde und Nachbarn, um Geschenke vorbeizubringen. Das Kommunionkind bedankt sich bei jedem und verteilt Schokoladentafeln.

Christina erzählt:

In ein paar Jahren feiere ich Firmung. Bei der Firmung wird mir dann der Heilige Geist zugesprochen. Ich bin dann religiös erwachsen.

Frau Meyer fährt fort:

Am Abend vor ihrer Konfirmation durfte unsere Tochter Anna zum ersten Mal zum Abendmahl. Die Konfirmation gilt als Bekräftigung der Taufe. Der junge Mensch bekennt sich jetzt selbst zu seinem Glauben. Wer konfirmiert ist, wird vollwertiges Mitglied in der Gemeinde. Er darf Pate oder Patin werden.

Hochzeit

Anna Meyer erzählt:

Im August heiratet meine Cousine Greta. Ihr Freund Markus wollte erst nur standesamtlich heiraten. Aber Greta möchte unbedingt kirchlich heiraten, weil die Ehe für sie eine von Gott gesegnete Verbindung ist. Sie möchte ihr ganzes Leben mit Markus verbringen und in der Kirche versprechen, dass sie in guten und schlechten Tagen zusammenhalten werden. Bei den Evangelischen ist die Ehe kein Sakrament wie bei den Katholiken. Doch für Greta ist es wichtig, dass sie und Markus sich dieses Versprechen bei einer besonderen Feier in der Kirche geben. Sie wollen auch den Gottesdienst mitgestalten.

Julia Krause erläutert:

Eigentlich bin ich nur Mitglied in der Kirche, weil ich mal katholisch getauft wurde. Ich gehe nicht oft in die Kirche, möchte aber auch einmal kirchlich heiraten. Ich freue mich sehr auf Gretas Hochzeit und den feierlichen Gottesdienst. Greta ist seit der Schulzeit meine beste Freundin.

Tod

Christina erinnert sich:

Am 2. November zu Allerseelen gehe ich mit meinen Eltern zum Friedhof; denn an diesem Tag erinnern wir uns an unsere Verstorbenen. Die Gräber werden geschmückt und kleine Leuchten draufgestellt.

Meine Omi liegt auch hier begraben. Ich habe sie sehr liebgehabt. Deshalb war ich verzweifelt, als sie krank wurde und starb. Ich wollte nicht glauben, dass sie nie wieder mit mir spielen könnte und ich nie wieder mit ihr lachen und reden würde. Meine Eltern haben mir erklärt, dass Omi jetzt bei Gott ist und mit dem Tod nicht alles zu Ende ist. »Nur ihr Körper ist tot!«, hat Papa gesagt. »Das, was du an Omi geliebt und mit ihr erlebt hast, bleibt lebendig. Wenn du an sie denkst, lebt sie auch in deinem Herzen weiter.« Traurig bin ich trotzdem. Am Eingang des Friedhofs steht ein Steinkreuz. Darauf steht: »Ich bin die Auferstehung und das Leben.« So etwas Ähnliches hat unser Pastor beim Ostergottesdienst über Jesus gesagt.

Wie wir unseren Glauben leben

Unser wichtigstes Gebet ist das »Vaterunser«

Vater unser im Himmel.
Geheiligt werde dein Name. Dein Reich komme.
Dein Wille geschehe, wie im Himmel, so auf Erden.
Unser tägliches Brot gib uns heute.
Und vergib uns unsere Schuld,
wie auch wir vergeben unsern Schuldigern.
Und führe uns nicht in Versuchung,
sondern erlöse uns von dem Bösen.
Denn dein ist das Reich und die Kraft und die Herrlichkeit
in Ewigkeit. Amen.
(Matthäus 6,9-13)

Die Zehn Gebote und das Doppelgebot der Liebe

Das Christentum hat die Zehn Gebote des Judentums übernommen. Darüber hinaus ist das Doppelgebot der Liebe besonders wichtig:

»Du sollst lieben Gott, deinen Herrn, von ganzem Herzen, von ganzer Seele und von ganzem Gemüte. Dies ist das vornehmste und größte Gebot. Das andere ist dem gleich: Du sollst deinen Nächsten lieben wie dich selbst. In diesen zwei Geboten hängt das ganze Gesetz und die Propheten.« (Matthäus 22,37-40)

Herr Schneider erläutert:

Von der Zeit des Neuen Testaments bis in unsere Gegenwart haben die Kirchen ihre wichtigsten Lehren in Glaubensbekenntnissen zusammengefasst. Zu den wichtigsten zählen das Nicäno-Konstantinopolitanische und das Apostolische Glaubensbekenntnis.

Christina erklärt:

Besondere Speisegebote wie David und Judith, Ruth, Ari, Esther und Daniel haben wir nicht. Aber viele Katholikinnen und Katholiken essen freitags kein Fleisch aus Trauer über die Kreuzigung Jesu. Das vierte Kirchengebot lautet: »Du sollst die gebotenen Fasttage und Abstinenztage halten!« Alle Freitage sind für Katholiken und Katholikinnen im Alter von 14 bis 60 Jahren Abstinenztage. An diesen Tagen verzichtet man darauf, Fleischspeisen zu essen. Aschermittwoch und Karfreitag sind Fast- und Abstinenztage zugleich. Während der 40-tägigen vorösterlichen Fastenzeit verzichten viele auf reichliches Essen, Alkohol und Süßigkeiten. Bei den Evangelischen heißt diese Aktion »Sieben Wochen Ohne.«

Anna berichtet:

Also, wir sprechen zu Hause eigentlich immer ein Tischgebet, um Gott dafür zu danken, dass wir genug zu essen haben. Jeder aus der Familie

sucht abwechselnd eins aus.

Mein Vater nimmt einmal im Monat an einer Presbytersitzung teil. Die Presbyter bilden den Kirchenvorstand. Das sind Männer und Frauen, die für ein paar Jahre von der Gemeinde gewählt werden. Sie treffen sich mit dem Pfarrer und diskutieren über wichtige Entscheidungen.

Meine Mutter geht einmal in der Woche zu einem Frauenkreis. Die Mitglieder besuchen Kranke oder helfen älteren Menschen. Einmal im Jahr gibt es einen Basar. Mit dem, was da verkauft wird, unterstützt der Frauenkreis ein Projekt in Chile.

Meine Tante singt im Kirchenchor. Ich selber gehe zur Jugendgruppe unserer Kirche. Wir treffen uns, diskutieren, kochen zusammen und schauen uns auch mal einen Film an. Manchmal bereiten wir auch zusammen einen Gottesdienst vor.

Seit einiger Zeit gibt es einen besonderen Kochkurs. Da treffen sich Mütter und Kinder aus verschiedenen Ländern und Kulturen. Wir probieren ganz tolle Rezepte aus und haben viel Spaß. Ich finde es super, dass ich dabei mit meinen Freundinnen Nurten, Ruth und Hina etwas gemeinsam unternehmen kann.

Wie wir mit anderen zusammenleben

Herr Meyer berichtet:

Ich arbeite beim Arbeiter-Samariter-Bund. Auch wenn dieser sich als konfessionell ungebunden versteht, so erinnert sein Name an das biblische Gleichnis vom barmherzigen Samariter (Lukas 10,29-37). Es erzählt von einem Mann, der bei einem Überfall schwer verletzt wird. Mehrere Angehörige seines Volkes lassen den Verwundeten auf der Straße liegen. Aber ein Fremder aus Samaria hilft ihm. Der Samariter behandelt seine Wunden, bringt ihn zum nächsten Gasthaus und bezahlt den Wirt für die weitere Krankenpflege.

Heute arbeiten Samariter und Samariterinnen vor allem im Gesundheitswesen, beim Rettungsdienst und im Katastrophenschutz.

Frau Schneider erzählt:

Ich arbeite im Caritas-Büro. Caritas bedeutet auf Lateinisch »Liebe«. Gemeint ist die christlich motivierte Liebe zu den Armen und Hilfsbedürftigen. Unsere große katholische Wohltätigkeitsorganisation heißt deshalb so. Zu den Aktivitäten des Caritasverbands gehören: Besuchsdienste bei alten und kranken Menschen, Hilfe für Flüchtlinge, Obdachlose, Asylbewerberinnen und Asylbewerber, Kinderbetreuung von in Not geratenen Familien, Mitarbeit in einem Café für Suchtbetroffene, Vorbereitung von kulturellen Veranstaltungen, Versorgung von Bedürftigen durch Kleiderkammern und Suppenküchen.

Frau Meyer erklärt:

In der Geschichte des Christentums betonte man die Verpflichtung der Reichen, die Bedürftigen zu unterstützen, und baute die kirchliche Armenfürsorge aus. Papst Johannes XXIII. forderte 1962 in einer Erklärung die Erneuerung der Kirche unter dem Gesichtspunkt »Kirche der Armen«. 1980 sprach sich die Kommission für kirchlichen Entwicklungsdienst des Weltkirchenrates »Für eine mit den Armen solidarische Kirche« aus.

Wir spenden regelmäßig für »Brot für die Welt«. Das ist eine Hilfsaktion der Evangelischen Kirche. »Brot für die Welt« engagiert sich in Wirtschafts-, Sozial-, Gesundheits- und Bildungseinrichtungen in Afrika, Asien und Lateinamerika.

Die von Bodelschwinghschen Stiftungen in Bethel sind Einrichtungen, in denen Menschen mit geistiger Behinderung, alte und kranke Menschen und Jugendliche mit sozialen Problemen betreut werden. Der Name Bethel stammt von dem hebräischen Wort Beth El, »Haus Gottes«. Für Friedrich von Bodelschwingh war jeder Mensch ein Geschöpf Gottes. Die Menschen, die dort arbeiten, wollen das Gebot der Nächstenliebe verwirklichen und sich um die Menschen kümmern, die niemand haben will.

Was unser Glaube mit Sport zu tun hat

Martin erzählt:

Für die beiden großen Kirchen ist Sport ein wichtiges Thema. Katholische Bistümer unterhalten Arbeitskreise für Kirche und Sport. Es gibt Olympiapfarrer und Olympiapfarrerinnen und seit der Fußballweltmeisterschaft 2006 einen »WM-Beauftragten« der Evangelischen Kirche in Deutschland. Die Deutsche Bischofskonferenz und die Evangelische Kirche in Deutschland gaben 1990 eine gemeinsame Erklärung zum Sport ab. Darin wurde Freizeit- und Breitensport für wichtig gehalten und betont, dass man sich beim Sport sozial verhalten soll. Die von beiden Kirchen 2006 herausgegebene Broschüre »Mittendrin« soll deutsche Olympia- und Paralympic-Teams seelsorgerisch betreuen und enthält geistliche Texte, Gebete, Meditationen.

Peter berichtet:

Ich besuche die Don Bosco-Schule. Da wird Sport sehr wichtig genommen. Wir nehmen an Wettbewerben wie »Jugend trainiert für Olympia«, Schwimmmeisterschaften und dem Bistumssportfest teil. Wir haben nachmittags total viele Sportangebote. Es gibt auch Klassenwettbewerbe in Leichtathletik und Ballspielen.

Christina erklärt:

Ein Priester aus dem Orden der Salesianer Don Bosco gründete in Italien schon in den 1950er-Jahren eine katholische Sportorganisation. Zehn Jahre später entstand die nationale Sportorganisation der Salesianer in Italien, 1989 die europäische Organisation. Seit 1990 werden in jedem Jahr die »Internationalen Sportspiele der Salesianer« an verschiedenen Orten in Europa veranstaltet. Don Bosco ging davon aus, dass gemeinsames Sporttreiben zu Rücksichtnahme, Teamgeist und Fairplay führt.

Anna fährt fort:

Um Teamgeist und Fairplay geht es auch bei einem Projekt in unserer evangelischen Gemeinde. Wir machen ein Fußballturnier für Jugendliche. Gefördert durch das Projekt »Gewalt geht nicht« veranstaltet unser Kirchenkreis zusammen mit verschiedenen Organisationen und Sportvereinen den sogenannten VIFA-Cup. Das heißt Vielfalt-Cup. Es spielen jeweils fünf Jugendliche in zwei Altersgruppen in Soccerboxen auf Asphalt gegeneinander. Jedes Team sollte mindestens ein Mädchen dabeihaben. Das Besondere dabei: Es gibt keine Schiedsrichter, sondern nur Spielbeobachtende. Die Jugendlichen verständigen sich auf Regeln, die Einhaltung derselben wird durch die Beobachtenden abgefragt. Die Veranstaltungsleitung will auf diese Weise gegenseitigen Respekt fördern. Dies soll auf spielerische Weise geschehen und mit Fußball kombiniert werden.

Unsere Religion will den Frieden, aber ...

Sofia, Vasili, Anna und Peter schreiben ein Gruppenreferat zum Thema Krieg und Frieden. Sie finden, dass das alles nicht so einfach ist. Hier ist ihr Zettelkasten:

Vasili weist darauf hin:

Das fünfte Gebot lautet: »Du sollst nicht töten!« Im Neuen Testament steht: »Du sollst den Herrn deinen Gott lieben, von ganzem Herzen, von ganzer Seele und von ganzem Gemüt und deinen Nächsten wie dich selbst« (Lukas 10,27).

Bis heute gibt es deshalb christliche Gruppen, die den Kriegsdienst prinzipiell verweigern. Dazu gehören die Frauen und Männer der täuferischen Christen, zum Beispiel Quäker und Mennoniten.

Peter entgegnet:

In der Vergangenheit hat die Kirche aber leider oft Kriege erlaubt. Bei den Kreuzzügen wollten die Teilnehmenden Jerusalem von der Herrschaft der Muslime befreien. Die Kämpfenden bei solchen Kriegszügen trugen ein Kreuz auf ihrem Mantel. Damit zeigten sie, dass ihr Kampf von der Kirche gut gefunden und unterstützt wurde. Aber in Wirklichkeit standen diese Kriege im Widerspruch zur Lehre Jesu. Viele Christinnen und Christen verstießen dabei gegen die christlichen Gebote und ließen sich auch sonst von ihrer Gier nach Macht leiten.

Anna ergänzt:

Bis heute gibt es immer wieder Religionskriege und gewaltsame Auseinandersetzungen. In Nordirland bekämpften sich protestantische und katholische Christinnen und Christen über lange Zeit. Doch ging es eigentlich nicht um Glaubensgegensätze. Die wohlhabenden englischen Protestantinnen und Protestanten eroberten und unterdrückten über Jahrhunderte die alteingesessene ärmere irische katholische Bevölkerung. Es kam immer wieder zu Aufständen, die aber zu noch größerer Unterdrückung führten. Seit dem 19. Jahrhundert kämpften irische Männer und Frauen um die Unabhängigkeit und es gab auf beiden Seiten viele Tote. 1998 gab es endlich ein Abkommen. Seitdem nähern sich beide Seiten an. Aber es wird noch lange dauern, bis der Frieden sicher ist.

Sofia bemerkt:

Immer wieder kann man in der Zeitung lesen oder in Radio und Fernsehen erfahren, dass überall auf der Welt Anhängerinnen und Anhänger von Religionen Aggression, Fanatismus, Hass und Fremdenfeindlichkeit verbreiten und Gewalt rechtfertigen. Religion wird oft für rein machtpolitische Zwecke bis hin zum Krieg missbraucht. Das finde ich schlimm.

Peter hält entgegen:

Es hat auch friedliche Strömungen in der Kirchengeschichte gegeben: Martin von Tours († 397), der heilige Sankt Martin, war erst römischer Soldat. Dann verkündete er, dass er als Soldat Christi nicht mehr kämpfen dürfe und verließ den Soldatendienst. Der heilige Franz von Assisi († 1226) verbot in einer Ordensregel ausdrücklich das Mitführen einer Waffe. Der Friedensbund Deutscher Katholiken setzte sich zwischen den beiden Weltkriegen für Völkerverständigung ein.

Sofia stellt fest:

Die Bischöfe der orthodoxen Kirchen haben schon vor Jahren Friedensgebete mit den Vertreterinnen und Vertretern anderer Kirchen zusammen veranstaltet. Der 2012 verstorbene Papst Shenouda III., das Oberhaupt der koptischen Kirche Ägyptens, hat einen Friedenspreis erhalten, weil er sich trotz der Anschläge auf seine Glaubensschwestern und Glaubensbrüder immer wieder um das friedliche Zusammenleben christlicher und muslimischer Männern und Frauen in Ägypten bemüht hat.

Peter fügt hinzu:

1986 lud Papst Johannes Paul II. zum ersten Mal zum Friedensgebet in die italienische Stadt Assisi ein. Vertreterinnen und Vertreter verschiedener Religionen versprachen, sich für den Frieden einzusetzen. An diesem ersten Weltgebetstreffen nahmen insgesamt 150 Personen von 12 verschiedenen religiösen Gruppierungen teil.

Friedensgebet aus Frankreich

Herr, mach mich zu einem Werkzeug deines Friedens. / Wo Hass herrscht, lass mich Liebe entfachen. / Wo Beleidigung herrscht, lass mich Vergebung entfachen. / Wo Zerstrittenheit herrscht, lass mich Einigkeit entfachen. / Wo Irrtum herrscht, lass mich Wahrheit entfachen. / Wo Zweifel herrscht, lass mich Glauben entfachen. / Wo Verzweiflung herrscht, lass mich Hoffnung entfachen. / Wo Finsternis herrscht, lass mich Dein Licht entfachen. / Wo Kummer herrscht, lass mich Freude entfachen. / O Herr, lass mich trachten: / nicht nur, dass ich getröstet werde, sondern dass ich tröste, / nicht nur, dass ich verstanden werde, sondern dass ich verstehe, / nicht nur, dass ich geliebt werde, sondern dass ich liebe, / denn wer gibt, empfängt, / wer sich selbst vergisst, der findet, / wer verzeiht, dem wird verziehen, / und wer stirbt, der erwacht zum ewigen Leben. Amen.

Spuren des Christentums in unserem Land

Beate Meyer stellt fest:

Viele Dinge in unserem alltäglichen Leben erinnern an das Christentum. In jeder Stadt, ja in jedem Dorf steht mindestens eine Kirche. Sonntags oder zu bestimmten Festtagen hört man überall Glockengeläut. Oft sehen wir am Straßenrand und an Wegesrändern Kreuze. Einige sind Teil eines Kreuzweges, der an das Leiden Christi erinnert. Andere Kreuze erinnern an Menschen, die an dieser Stelle einen tödlichen Unfall hatten. Auch auf Bergen sieht man oft Kreuze. Vielleicht fühlen sich die Menschen auf dem Gipfel Gott besonders nah. Gipfelkreuze könnten auch ein Zeichen dafür sein, dass Berge für Menschen immer etwas Heiliges waren.

Klaus Schneider erklärt:

Unser Kalender und der Beginn des Jahres am 1. Januar haben einen christlichen Ursprung. Der vorher bestehende Kalender war viel zu ungenau. Deshalb führte Papst Gregor XIII. 1582 eine Reform des Kalenders durch. Diesen Kalender gibt es noch heute. Nach und nach hat ihn der größte Teil der Welt übernommen.

Anna Meyer stellt fest:

Als wir Oma im Krankenhaus besucht haben, arbeiteten da nicht nur Krankenschwestern, sondern auch Nonnen. Die waren ganz anders gekleidet. Sie trugen ein langes schwarzes Gewand, eine weiße Haube und einen schwarzen Schleier darüber. Mama hat erklärt, dass das Ordensfrauen des Benediktiner-Ordens sind. Sie leben im Kloster. Einige helfen bei der Krankenpflege.

Peter Schneider erläutert:

Wir sind mit unserer Jugendgruppe ein paar Tage ins Kloster gefahren. Pater Andreas hat uns viel Interessantes über das Leben dort erzählt. Im Klosterladen konnte man Dinge kaufen, die zum Teil im Kloster hergestellt wurden: Bücher, Karten, Kerzen, Kalender, Likör, Honig.
Seit dem Mittelalter gibt es mehrere christliche Orden, deren Mitglieder – also Nonnen und Mönche – in Klöstern zusammenleben. Heute verbringen auch ganz normale Menschen einige Zeit in Gästehäusern im Kloster, um zur Ruhe zu kommen und vom Alltag abzuschalten.

Islam

Die Vielfalt des Islam

Weltweit gibt es 1,8 Milliarden Muslime und Musliminnen. Inzwischen ist der Islam weit über sein Ursprungsland, das heutige Saudi-Arabien, hinaus vor allem in Indonesien (ca. 207 Millionen), Pakistan, Indien, Afrika und Asien vertreten. Zum Islam bekennen sich rund 93 Prozent der Bevölkerung der arabischen Länder. In der Türkei und im Iran ist der Islam die vorherrschende Religion. Auch in den USA und in Europa ist der Islam vertreten. Die meisten Muslime und Musliminnen sind Sunniten, ein kleiner Teil gehört zu den Schiiten. Weil viele islamische Flüchtlinge aus arabischen Ländern kommen, erhält der Islam in Deutschland ein stärker arabisches Gesicht, auch wenn die Türkei immer noch wichtigstes Herkunftsland ist.

Die Umayyaden-Moschee in der syrischen Hauptstadt Damaskus ist eine der ältesten Moscheen der Welt.

CAFÉ
CAFÉ

KIOSK

SCHAU DIR DAS WOHNHAUS AUF DER WIMMELSEITE GENAU AN:

Im Erdgeschoss wohnen Nurten und Orkan Yilmaz mit ihren Kindern Buraq, Taifun, Hatice und Özgür. Sie kommen aus der Türkei und gehören zur islamischen Mehrheit, den Sunniten.

Entdecke Familie Yilmaz auf dem Wimmelbild:

Orkan Yilmaz hat eine Gebetskette in der Hand. Buraq Yilmaz steht mit seinem Freund Parvis neben dem Imam. Taifun Yilmaz sitzt mit zwei Freunden im Café. Nurten Yilmaz sitzt auf einer Bank und hat den kleinen Özgür im Kinderwagen dabei. Hatice Yilmaz ist mit Kopftuch und Schwimmtasche unterwegs.

Im ersten Stock wohnen Ahmad und Maryam Mahmud mit ihren Kindern Hasan, Ayshe und Ali. Sie sind vor acht Jahren aus Syrien nach Deutschlang geflohen. Familie Mahmud gehört auch zum sunnitischen Islam.

Entdecke Familie Mahmud auf dem Wimmelbild:

Ahmad Mahmud steht vor einem Schaufenster. Hasan Mahmud hat ein Smartphone und sitzt mit seinen beiden Freunden im Café. Maryam Mahmud sitzt mit ihrem Sohn Ali auf der Bank neben ihrer Freundin Nurten Yilmaz. Ayshe Mahmud steht auf dem Balkon und ruft ihre Freundin Hatice mit dem Handy an.

Im zweiten Stock wohnen Zainab und Javad Karimi mit ihren Kindern Parvis, Ahad und Puran. Ihre ursprüngliche Heimat ist der Iran, und sie sind schiitische Muslime.

Entdecke Familie Karimi auf dem Wimmelbild:

Zainab Karimi steht am Küchenfenster. Parvis Karimi steht mit seinem Freund Buraq neben dem Imam. Puran Karimi kauft ein Comic am Kiosk, Javad Karimi sitzt zwischen seinen beiden Freunden Taifun und Ahmad im Café. Ahad Karimi lässt ein Papierflugzeug fliegen.

Erkan Kaptan mit Brille und Beutel in der Hand steht neben der Bank. Für ihn spielt der Islam eigentlich keine wichtige Rolle mehr.

Entdecke Erkan Kaptan auf dem Wimmelbild.

Über dem Lebensmittelgeschäft wohnen Cem und Nur Korkmaz mit ihren Kindern Kenan und Sibel. Sie kommen aus der Türkei und sind Aleviten.

Entdecke Familie Korkmaz auf dem Wimmelbild:

Cem Korkmaz steht vor dem Eingang seines Ladens. Nur Korkmaz sitzt mit ihrem Sohn Kenan im Café und isst Eis. Sibel Korkmaz (mit Korb) geht zu einem Treffen des Bundes alevitischer Jugendlicher in Deutschland.

Heilige Orte

Frau Yilmaz erzählt:

Mekka mit der Haram-Moschee und dem Heiligtum der Kaaba ist für uns der wichtigste heilige Ort. Dort wurde Mohammed geboren und verkündete seine Glaubensbotschaft. Erwachsene Muslime und Musliminnen, die es sich gesundheitlich und finanziell leisten können, sollen einmal im Leben nach Mekka pilgern. Dort erinnern sie sich an Mohammad und an den Stammvater Abraham, der im Koran als der erste Muslim gilt und die Kaaba erbaut hat.

Die Kaaba in Mekka mit der Haram-Moschee im Hintergrund

Die zweitwichtigste Stadt ist Medina. Vorbild aller Moscheen dieser Welt ist die Moschee, die der Prophet Mohammed dort errichten ließ. Es war ein einfacher offener Platz, der von einer Mauer umgeben war. An einer Seite befanden sich die Wohnungen des Propheten und seiner Frauen. In diesem Innenhof betete man und hielt Versammlungen ab. Auch das Grab Mohammeds befindet sich in Medina.

Für Muslime ist Jerusalem neben Mekka und Medina die dritte heilige Stadt. Sie nennen Jerusalem al-Quds, »die Heilige«. Der Felsendom heißt auf Arabisch Felsenkuppel und ist eines der ältesten islamischen Heiligtümer. Er befindet sich südöstlich von der Altstadt Jerusalems auf dem Hügel, den Muslime »das edle Heiligtum« und Juden »Tempelberg« nennen. Er wurde als Schrein auf dem Felsen errichtet, auf dem Ibrahim (Abraham) bereit war, seinen Sohn Ismail zu opfern. Von der gleichen Stelle begann die Himmelfahrt des Propheten Mohammed, nachdem er in der Nachtreise zu dem Felsen gelangt war.

Die al-Aqsa-Moschee, die »ferne Kultstätte«, ist eine Moschee auf dem Tempelberg. Sie gilt als drittwichtigste Moschee des Islam, nach der Haram-Moschee mit dem Heiligtum der Kaaba in Mekka und der Prophetenmoschee in Medina.

Unser heiliges Gebäude, die Moschee

Ahmad berichtet:

Freitagmittags gehen Musliminnen und Muslime in die Moschee. Dort findet ein gemeinschaftliches Gebet statt. Viele Moscheen haben ein kuppelförmiges Dach. Eine Moschee erkennt man schon von außen an dem schlanken Turm. Das ist kein Glockenturm, wie ihn die Kirchen haben. Er heißt Minarett. Von dort ruft uns der Muezzin, der Gebetsrufer, zum Pflichtgebet. Oft ist es auch einfach ein Lautsprecher.

In der Moschee stehen keine Bänke. Alle beten in Richtung Mekka. Die Gebetsnische Mihrab ist mit Koranversen und Ornamenten verziert und zeigt in Richtung Mekka. Denn dort ist ja der Islam entstanden. Wir hören eine Predigt des Imam.

Der Imam – das ist unser Vorbeter – steht auf der Kanzel, die Minbar heißt. Sie ist oft kunstvoll gestaltet und befindet sich immer rechts von der Gebetsnische. Männer und Frauen dürfen nicht zusammen beten. Entweder befinden sich die Frauen und Mädchen in einem besonderen Raum oder auf einer Empore hinter einem Vorhang.

Erkan Kaptan erzählt:

Ich gehe nicht mehr so oft in die Moschee, höchstens der Familie zuliebe zum Opferfest und zum Ramadanfest (Fest des Fastenbrechens).

Gebetsnische, Brunnen und Kanzel in einer Moschee

Hatice erzählt:

Jede Moschee benötigt einen Brunnen. Vor dem Gebet reinigen wir uns. Wir waschen uns dreimal die Hände, spülen uns dreimal mit Wasser aus der rechten Hand den Mund. Danach säubern wir Nase und Gesicht sowie die Arme bis zu den Ellenbogen, anschließend Hals und Ohren. Schließlich waschen wir die Füße bis zu den Knöcheln.

Falls kein Wasser vorhanden ist, dürfen wir uns sinnbildlich auch mit Sand oder sogar Staub waschen. »Sauberkeit ist der halbe Glaube«, hat unser Prophet einmal gesagt.

Cem Korkmaz erklärt:

Bei unserem alevitischen Gottesdienst (Cem) sitzen alle Männer und Frauen im Kreis, damit sie sich gegenseitig anschauen können. Während des Cem erklärt jeder, was er in letzter Zeit falsch gemacht hat. Wir denken an unsere Toten und beten darum, mit Hak (Gott) eins zu werden. Dann findet ein gesegnetes Mahl (Lokma) statt.

Woran wir glauben

Ayshe erzählt:

Unsere Eltern kommen aus Syrien. Wir Muslime verehren Ibrahim (Abraham), Musa (Mose), Isa (Jesus) und andere Männer als Gesandte Gottes. Sie haben den Menschen von Allah erzählt. Das ist ein arabisches Wort und heißt einfach »der Gott«. In arabischen Ländern nennen auch christliche Männer und Frauen Gott so. Einen anderen Gott gibt es ja nicht. Unser Gott und der Gott des Christentums und Judentums ist ein und derselbe.

Gott hat die Menschen gern. Immer wieder hat er Propheten und Gesandte geschickt. Diese haben den Menschen von seiner Barmherzigkeit, Größe und Gerechtigkeit erzählt. Ganz wichtig ist für uns Mohammed. Er hat uns den Koran überbracht.

Wir glauben auch an Gottes Engel. Das sind Wesen, die zwischen der Welt des Göttlichen und den Menschen vermitteln. Der Erzengel Gabriel überbrachte Mohammed die ersten Verse der Sure 96.

Dieser arabische Schriftzug bedeutet »Allah«.

Die Geschichte von Mohammed

Mohammed betet vor der Kaaba in Mekka. Weil man den Propheten nicht bildlich darstellen darf, ist sein Gesicht weiß.

Herr Mahmud berichtet:

Mohammed wird im Jahr 570 in Mekka geboren. Das liegt im heutigen Saudi-Arabien. Schon früh verliert er seine Eltern. Der Vater stirbt vor Mohammeds Geburt. Seine Mutter Amina stirbt, als Mohammed gerade sechs Jahre alt ist. Er ist sehr traurig, weil er seine Mutter besonders geliebt hat. Mohammed bleibt bei seinem Großvater, den er sehr gern hat. Doch nach zwei Jahren stirbt auch dieser. Da ist Mohammed gerade acht Jahre alt.

Ayshe erzählt weiter:

So wie die anderen Kinder auch hilft Mohammed in der Großfamilie mit. Er hütet Schafe, Kamele und Ziegen. Überall ist er sehr beliebt. Denn wenn er etwas verspricht, hält er es auch. Man kann sich auf ihn verlassen. Wenn Hilfe gebraucht wird, packt er kräftig mit an. Deshalb nennen die Menschen ihn auch »al Amin«, »den Treuen«. Mohammed macht eine Ausbildung zum Kaufmann. Er tritt in die Firma der wohlhabenden Geschäftsfrau Chadidscha ein. Seine Ehrlichkeit und Zuverlässigkeit imponieren ihr. Sie verliebt sich in Mohammed und heiratet ihn, als er 25 Jahre alt ist.

Oft ärgert sich Mohammed, wenn er miterleben muss, wie andere Händler in Mekka ihre Kunden betrügen und ihnen schlechte Ware für gutes Geld verkaufen. Außerdem glauben sie an viele Götter. Mohammed ist überzeugt, dass es nur einen einzigen Gott gibt.

Wie es mit Mohammed weitergeht

Herr Mahmud fährt fort:

Als Mohammed 40 Jahre alt ist, geht er oft zum Berg Hira. Dort betet er. Eines Nachts geschieht es: Mohammed hört eine Stimme aus dem Himmel, die ihn ruft. Es ist Gabriel, der Engel Gottes. Und er ruft ihn! »Mohammed, du bist der Gesandte Gottes. Und ich bin Gabriel!« Der Engel gibt ihm den Auftrag, die Menschen zu ermahnen. Sie sollen endlich mit ihren Betrügereien aufhören. Sie sollen nur einen Gott verehren. Und sie sollen die Armen stärker unterstützen als bisher. Begeistert erfüllt Mohammed seinen Auftrag.

Auf Marktplätzen und in den Gassen redet er von der Barmherzigkeit Gottes. Er fordert die Menschen auf umzukehren, also ihr bisheriges Leben zu ändern. Sie sollen bei ihren Geschäften gerechter sein und den Schwachen helfen.

Ayshe erklärt:

Den reichen Leuten in Mekka gefällt das nicht. Sie haben Angst, dass die vielen Pilger und Pilgerinnen nicht mehr in die Stadt kommen und sie keine Geschäfte mehr machen können. Mekka ist ein wichtiger Ort, weil dort bedeutende Göttinnen und Götter verehrt werden und viele Pilgernde von weither kommen. Die Mekkaner beleidigen und verspotten Mohammed und seine Freunde, manche sind ihres Lebens nicht sicher.

Schließlich wandern Mohammed und seine Gefährten in die benachbarte Stadt Medina aus, wo bereits viele seiner Anhänger wohnen. Die Menschen in Medina brauchen einen Schiedsrichter für ihre Stammesstreitigkeiten. Und der soll Mohammed sein.

Herr Mahmud berichtet weiter:

Die Übersiedlung nach Medina findet im Jahr 622 christlicher Zeit statt. Für uns ist dieses Jahr der Beginn unserer Zeitrechnung.

Die Streitigkeiten zwischen den Bewohnerinnen und Bewohnern Mekkas und Medinas hören erst nach einigen Jahren auf, nachdem sich die Städte zuvor oft bekämpft haben. Mal gewann die eine, mal die andere Seite. Schließlich wird Mohammed von allen Gruppen als religiöser Führer akzeptiert. Mohammed sagt: »Alle Gläubigen sind Brüder« – egal aus welchem Stamm sie kommen. Schließlich kehrt Mohammed nach Mekka zurück. Seine ehemaligen Gegner behandelt er anständig. Er stirbt im Jahre 632. Obwohl Mohammed für uns der wichtigste Prophet und ein großes Vorbild ist, darf man uns Muslime nicht »Mohammedaner« nennen. Denn für uns steht nicht Mohammed im Mittelpunkt unseres Glaubens, sondern Gott. Angehörige muslimischen Glaubens sind solche, die ihr Leben ausschließlich an Gott orientieren. Gott und sein Koran, den uns Mohammed gebracht hat, sind für uns sehr wichtig.

Die Nachtreise und die Himmelsreise Mohammeds

Nachtreise

Puran berichtet:

Eines Tages, so erzählen sich die Leute, bringt man Mohammed den Buraq. Das ist sein Reittier – halb Maultier, halb Esel. An den Schultern hat es zwei Flügel; damit ist es so schnell wie der Wind. Auch die Propheten, die vor Mohammed lebten, haben dieses Wundertier geritten. Bei jedem Schritt setzt der Buraq die Hufe so weit, wie sein Blick reicht. Der Engel Gabriel hilft Mohammed aufzusitzen. Der Buraq scheut, aber dann geht es auf eine blitzschnelle Nachtreise durch die Lüfte bis nach Jerusalem. Dort trifft Mohammed Ibrahim, den »Freund Gottes«. Bei den Juden und Christen heißt

Der Buraq, das geflügelte Reittier Mohammeds.

er Abraham. Und da sind auch Musa (Mose) und Isa (Jesus). Mohammed betet mit ihnen. Anschließend reist er zurück nach Mekka. Am nächsten Morgen erzählt er seinen Landsleuten, was er erlebt hat. »Das ist unmöglich!«, schreien sie. »Eine Karawane braucht für die Strecke mindestens einen Monat hin und einen wieder zurück. Wie willst du dies in einer Nacht geschafft haben?!« Doch einer glaubt Mohammed, nämlich sein Onkel. Er war schon einmal in Jerusalem und hat bemerkt, dass Mohammed die Wahrheit erzählt. »Du hast die Wahrheit gesprochen! Ich bezeuge, dass du der Gesandte Gottes bist.«

Himmelsreise

Die Menschen erzählen auch von einer Himmelsreise Mohammeds. Nachdem er in Jerusalem gebetet hat, wird ihm eine Leiter gebracht. Auf dieser steigt der Prophet Schritt für Schritt in den Himmel. Zunächst gelangt er an eines der Himmelstore, die von Engeln bewacht werden. Im ersten Himmel begegnet er Adam. Das ist unser erster Prophet. Im zweiten trifft er Isa und seinen Vetter Johannes, schließlich Idris, Aaron und Musa. Im siebten Himmel begegnet ihm der alte Ibrahim. Er sitzt auf einem Stuhl am Paradiestor. Immer, wenn der Engel Gabriel den Propheten von einem Himmel zum nächsten gebracht hat, nennt Mohammed seinen Namen und bittet darum, eingelassen zu werden. Ständig bekommt er die Antwort: »Gott schenke ihm Leben, Bruder und Freund!«

Schließlich ist es so weit, und Mohammed begegnet Gott selbst. Dieser möchte, dass die Muslime und Musliminnen 50 Gebete am Tag beten. Mohammed steigt herab und kommt wieder bei Musa vorbei. »Wie viele Gebete sind dir auferlegt worden?« – »Fünfzig jeden Tag«, antwortet Mohammed. –

»Das Gebet ist eine schwere Last, und dein Volk ist schwach. Gehe zurück zu Gott und bitte ihn, dass er deine und deines Volkes Last erleichtert.«

Daraufhin erlässt Gott Mohammed zehn Gebete. Wieder kommt Mohammed bei Musa vorbei, der noch einmal das Gleiche sagt. Und noch einmal erlässt Gott zehn weitere Gebete. Am Ende bleiben noch fünf Pflichtgebete pro Tag übrig.

Sunniten – Schiiten – Aleviten

Als der Prophet Mohammed im Jahre 632 starb, war man sich nicht einig, wer die Gemeinschaft weiterführen sollte. Die Mehrheit war der Auffassung, den Rechtschaffensten unter ihnen zum Nachfolger des Gesandten Gottes, zum »Kalifen«, zu ernennen. Die weitaus kleinere Gruppe dagegen vertrat eine andere Auffassung: Nur ein Mitglied aus der Familie des Propheten sei dazu berechtigt, der Gemeinde als Oberhaupt, als »Imam«, zu dienen. Ihrer Überzeugung nach hatte Mohammed vor seinem Tod seinen Vetter und Schwiegersohn Ali dazu bestimmt; eine Meinung, die von den übrigen Muslimen nicht geteilt wurde.

Dieser Streit führte zur Spaltung der islamischen Gemeinschaft in Sunniten und Schiiten. Schia heißt Spaltung. Zu den ersten Nachfolgern des Propheten wählten die Muslime einige seiner engsten Gefährten: Abu Bakr, Umar und Uthman. Ali wurde erst später zum vierten Kalifen ernannt.

Die meisten Schiiten und Schiitinnen gehören zur Richtung der »Zwölfer-Schiiten«: Sie glauben, dass der zwölfte Imam in der zweiten Hälfte des 9. Jahrhunderts »entrückt« sei. Eines Tages werde er wiederkehren, um auf der Erde als »Rechtgeleiteter« (Mahdi) eine gerechte politische und soziale Ordnung zu schaffen. Außerdem gibt es Siebenerschiiten (Ismailiten) und Zaiditen. Diese lehnen die Vererbung der Imamatswürde und den Mahdiglauben ab.

In Iran ist die Zwölfer-Schia seit 1501 Staatsreligion. Hier verstehen sich die Rechtsgelehrten und Geistlichen als Stellvertreter des verborgenen Imams. Mit Ausnahme von Iran sind die Schiiten und Schiitinnen innerhalb der muslimischen Welt immer als Minderheit betrachtet worden. Sie leben außerdem im Irak, in Syrien, Pakistan, Afghanistan, im Jemen und in Indien.

In Deutschland leben ca. 700.000 Aleviten und Alevitinnen. Die meisten gehören zur Volksgruppe der Kurden und stammen aus der Türkei, dem Iran und Syrien. Zwar leiten sie ihren Namen von Ali (gestorben 661 n.Chr.) ab, dem Schwiegersohn Mohammeds, sie sind aber keine Schiiten. Sie beten nicht fünf Mal am Tag wie die übrigen Muslime. Beim Beten achten sie auf eine bestimmte Fußstellung und legen ihre Hand auf das Herz. Ihre Fastenzeit beträgt einen halben Monat. Rituelle Waschungen spielen keine Rolle, und sie pilgern nicht nach Mekka. Alevitische Frauen tragen keine Kopftücher. Bei ihren religiösen Feiern musizieren und tanzen sie gerne.

Der Semah wird aufgeführt, ein ritueller Tanz der Aleviten, der zu den zwölf Pflichten eines Cem gehört

Unser heiliges Buch, der Koran

Parvis erzählt:

Ich komme gerade vom Koranunterricht. Dort lerne ich, unser heiliges Buch auf Arabisch zu lesen. Mein Koranlehrer liest den arabischen Text vor und gibt mit dem Finger genau die Zeile an. Ich spreche dann den Text Wort für Wort nach. Es gibt auch Übersetzungen. Aber mein Koranlehrer sagt, dass man den Koran nur richtig verstehen kann, wenn man ihn auf Arabisch liest.

Imam Özsinmaz erklärt:

Unser heiliges Buch ist der Koran. Er wurde Mohammed offenbart. Das bedeutet: Gott sprach durch seinen Engel Gabriel zu Mohammed. Weil er selbst nicht schreiben konnte, sorgte Mohammed dafür, dass alles aufgeschrieben wurde.

Wir glauben, dass der Koran schon vor der Erschaffung der Welt bei Gott war. Koran ist arabisch und bedeutet Vortrag. Im Koran gibt es schöne Geschichten über Gottes wunderbare Schöpfung und über frühere Gottesboten. Der Koran enthält auch Vorschriften über Glauben, Pflichtgebet, Fasten und andere Dinge. Der Koran hat 114 Kapitel. Sie heißen »Suren«.

Diese kunstvoll gestalteten arabischen Buchstaben bilden die »Basmala«. Das ist die Bezeichnung für die arabische Wendung »bi-smi llahi-r-rahmani-r-rahim« (Im Namen des barmherzigen und gnädigen Gottes). Mit diesen Worten beginnen mit einer Ausnahme alle Suren des Korans. Die »Basmala« steht auch am Anfang wichtiger Dokumente. Muslime und Musliminnen sprechen sie vor jeglicher Tätigkeit, zum Beispiel bevor sie essen, ein Gebäude betreten oder eine Rede halten.

Die erste Sure heißt »Fatiha«, die Eröffnende. Sie ist für den Islam genauso wichtig wie für Christinnen und Christen das »Vaterunser«:

Die »Fatiha«, die »Eröffnende«

Im Namen Gottes, des
Barmherzigen, des Erbarmers,
Lob sei Gott,
dem Herrn der Welten,
dem Barmherzigen,
dem Erbarmer,
dem Herrn des Gerichtstages.
Dir dienen wir, und dich bitten wir um Hilfe:
Führe uns den geraden Weg,
den Weg derer, denen du Gnade erwiesen hast,
und nicht derer, die dem Zorn verfallen sind,
noch derer, die in die Irre gehen.

Ayshe erzählt:

Ich kenne viele, die jeden Tag ein Stück aus dem Koran lesen. Es gibt Musliminnen und Muslime, die den Koran sogar auswendig können. Sie heißen »Hafiz«. Mein kleiner Bruder Ali kann den ganzen Koran auswendig, obwohl er blind ist.

Der Koran ist für uns ein sehr wichtiges Buch. Wir finden es nicht so gut, wenn gesagt wird: »Der Koran ist die Bibel der Muslime«. Für uns ist der Koran Gottes Wort. Im Christentum ist Christus das Wichtigste, und erst dann kommt die Bibel.

Unsere großen Gemeinschaftsfeste

Das Fest des Fastenbrechens und der Geburtstag des Propheten

Frau Yilmaz erklärt:

Am Ende des Fastenmonats Ramadan feiern wir das Zuckerfest. So nennen wir es in der Türkei. Auf Arabisch heißt es »Fest des Fastenbrechens«. Es ist ein bisschen wie Weihnachten, aber doch wieder anders. Es ist deshalb wie Weihnachten, weil es eines unserer wichtigsten Feste ist. Es dauert drei Tage. Das ganze Haus wird geputzt und alles in Ordnung gebracht. Tagelang vorher duftet es nach den schönsten Leckereien und den köstlichsten Speisen. Wir ziehen unsere besten Kleider an, und am ersten Tag gehen wir in die Moschee, um gemeinsam mit den anderen Muslimen und Musliminnen zu beten. Und dann gibt es zum ersten Mal wieder morgens ein festliches Frühstück in der Familie. Wir schenken uns Süßigkeiten und andere schöne Sachen. Wenn es geht, besuchen wir unsere Freunde und Verwandten. Die Jüngeren küssen an diesem Tag den Älteren die Hand. Wir laden auch immer unsere nicht-muslimischen Nachbarn und Freunde zum Zuckerfest ein. Die kommen gern. Vor allem die Kinder haben viel Spaß.

Hatice berichtet:

Wir feiern auch den Geburtstag unseres Propheten Mohammed. Das ist ein schönes Fest, aber nicht so wichtig wie das Zuckerfest. An Mohammeds Geburtstag erzählen wir uns Geschichten aus seinem Leben. Mohammed ist für uns alle ein Vorbild. Sein Geburtstag ist aber für uns nicht so ein wichtiges Fest wie Weihnachten für die Christen und Christinnen. Immer wenn wir seinen Namen erwähnen, fügen wir hinzu »Gott spreche Heil und Segen über ihn«. Viele Eltern nennen eines ihrer Kinder Mohammed. Wenn jemand den Gesandten Mohammed beleidigt, tut uns das sehr weh.

Taifun erzählt:

Am 27. Ramadan feiern wir die »Nacht der Macht«. Dann denken wir daran, dass Mohammed zum ersten Mal Teile des Korans vom Erzengel Gabriel hörte. Wir gehen in die Moschee, um zu beten. Es werden Abschnitte aus dem Koran vorgetragen. Die Moscheen sind festlich erleuchtet.
Der Koran beschreibt diese heilige Nacht so:

***»Siehe, wir ließen ihn niedersteigen zur herrlichen Nacht.
Kannst du dir ausdenken, was diese herrliche Nacht ist?
Diese herrliche Nacht ist besser als tausend Monate.
Da stiegen die Engel herab und der Geist
auf ihres Herrn Geheiß mit der Ganzheit des Wortes.
Heilbringend war sie bis zum Aufstieg des Morgenrots.«
(Sure 97,1-5)***

Das Opferfest

Frau Karimi berichtet:

Hier in Deutschland haben wir Muslime und Musliminnen es manchmal schwer, weil die Deutschen unsere Bräuche und Feste oft nicht verstehen. Dabei haben wir doch so viel gemeinsam! Ihr habt ja schon gelesen, dass auch wir die Geschichte von Ibrahim kennen. Ibrahim war bereit, Gott seinen Sohn zu opfern.

Wir aber glauben, dass nicht Isaak, der Sohn Saras, geopfert werden sollte, sondern Ismail, Ibrahims Sohn mit der Magd Hagar. Aber sonst ist die Geschichte dieselbe. Ibrahim greift zum Messer, um Ismail zu töten. Gott sieht also, dass ihm Ibrahim vertraut. Deshalb darf er stattdessen einen Widder opfern.

Zur Erinnerung an diese wunderbare Errettung feiern wir das Opferfest. Es dauert vier Tage und beginnt zwei Monate und zehn Tage nach dem Fest des Fastenbrechens. Der Höhepunkt ist die Schlachtung eines Tieres. Die meisten nehmen dazu ein Schaf. Man darf aber auch ein Rind oder ein anderes Tier nehmen. Nur kein Schwein.

Das Fleisch wird in drei Teile geteilt: Ein Drittel ist für die Nachbarn, ein Drittel für Arme und das letzte Drittel für die Familie. Daraus wird ein Festessen zubereitet. Wir besuchen einander gegenseitig. Erst gehen die Jüngeren zu den Älteren, dann umgekehrt. In der Türkei werden die Moscheen vier Tage lang mit Lichterketten geschmückt.

Aschura

Ayshe erklärt:

Am zehnten Tag des Monats Muharram feiern wir Sunniten und Sunnitinnen den Aschura-Tag. Der Monat Muharram ist für uns besonders heilig: Nuh (Noah) und seine Arche wurden vor der großen Regenflut gerettet. Als die Arche auf dem Berg Ararat landete, wurde aus den Lebensmittelresten, die auf der Arche waren, ein Festessen zubereitet. Zur Erinnerung daran kochen wir in der Türkei eine aus bis zu 40 Zutaten bestehende Süßspeise. Wir verteilen sie an Freunde und Freundinnen sowie an Nachbarn und Nachbarinnen.

Ahad berichtet:

Für uns Schiiten ist der Monat Muharram – vor allem der zehnte Tag (Aschura) – eine traurige Zeit. Die Söhne des Kalifen Ali, Hasan und Husein, wurden im Muharram des Jahres 661 in der Wüste bei Kerbela vom omajadischen Kalifen belagert und bekämpft. Husein kam dabei um. Deshalb ist der 10. Muharram für uns ein trauriger Gedenktag.

Das Neujahrsfest

Puran erinnert sich:

»Nowruz« (der neue Tag) ist in Iran ein wunderschönes Frühlings- und Neujahrsfest. Es wird von Menschen unterschiedlicher Religionen gefeiert. Schon 15 Tage vorher beginnen die Vorbereitungen: Weizen, der vorher in Wasser zum Keimen gebracht wurde, wächst auf einem flachen Teller zu kleinen grünen Schösslingen heran. Tagelang findet ein gründlicher Frühjahrsputz statt. Auf die Fensterbänke stellt man farbenfrohe Blumentöpfe und Winterfrüchte. Am Vorabend des letzten Mittwochs des Jahres zünden viele draußen kleine Feuer an, über die Jung und Alt springen. Am letzten Tag des Jahres besuchen auch viele den Friedhof. Besonders wichtig ist es, den Körper gründlich zu reinigen. Ich erinnere mich noch gut daran, dass der Nowruz-Botschafter in unsere Straße kam: ein rot gekleideter Mann mit einem schwarz gefärbten Gesicht. Mit einem Tamburin in der Hand singt er lustige Lieder und verkündet den Menschen: »Seid fröhlich, denn der Frühling kommt.«

Am Vorabend des Neujahrstages brennt in jedem Zimmer des Hauses eine Kerze. Auf dem Tisch sind sieben Gegenstände ausgebreitet, die mit dem Buchstaben »S« beginnen: Sabze (Weizensprossen), Samanu (eine Süßspeise aus Weizenkeimen), Sir (Knoblauch), Serke (Essig), Somagh (saures Gewürz), Sib (Apfel) und Senjed (Mehlbeeren). Häufig gehören zur weiteren Tischdekoration: Sekke (Münzen), Sonbol (Hyazinthe), Sepand (Raute) sowie ein Spiegel als Glückssymbol, Goldfische in einem durchsichtigen Wasserkrug, ein Stück Brot, bemalte harte Eier, ein Koran und ein Gedichtband unseres berühmten Dichters Hafiz.

Am Neujahrstag versammeln sich alle Familienmitglieder in frisch gewaschenen Kleidern und beglückwünschen einander zum Fest. Die Älteren beschenken die Jüngeren. Zwölf Tage dauert das Neujahrsfest. Am 13. Tag gehen viele zu einem Picknick aufs Land und legen die vor Nowruz angesetzten Weizenkeimlinge in die Erde, um den Frühling zu begrüßen und böse Mächte zu vertreiben.

Nur Korkmaz erinnert sich:

Auch wir Aleviten feiern Nowruz zum Frühlingsanfang, wenn die Natur erwacht. Wir glauben, dass dieser Tag Liebe, Glück und Fruchtbarkeit bringt. Wir kümmern uns dann besonders um Bedürftige. Menschen, die Streit haben, sollen sich an diesem Tag versöhnen.

Unser Prophet Isa (Jesus)

Wir feiern zwar nicht Isas Geburtstag, also Weihnachten, aber Isa ist für uns trotzdem ein wichtiger Gesandter. Der Koran erzählt: Isas Mutter Maria ist eine schöne, kluge und bescheidene Frau. Eines Tages passiert etwas Eigenartiges: Plötzlich steht nämlich ein Engel vor ihr. Der sieht aus wie ein junger Mann. Maria ist ganz schön erschrocken, als er sagt: »Ich bin ein Gesandter Gottes. Und ich soll dir sagen, dass du einen Sohn bekommen wirst. Sein Name ist Isa. Und er steht Gott ganz nahe.«

Ganz allein, weit weg von ihrer Familie, draußen im Freien unter einer Dattelpalme bekommt Maria ihr Baby. Sie geht aber bald nach Hause, und da geschieht wieder ein Wunder, denn das Baby spricht in der Wiege: »Ich bin der Diener Gottes. Ich bin sein Gesandter. Es ist meine Aufgabe, Gott anzubeten. Und zu den Menschen soll ich gut sein. Frieden liegt auf mir am Tag meiner Geburt, am Tag meines Todes und an dem Tag, wenn mich Gott wieder zum Leben erweckt.«

Isa ist ein besonderer Junge. Er ist klug. Schon als kleiner Junge lernt er die Heiligen Schriften auswendig. Eines Tages spielt er im Schlamm. Aus Lehm formt er kleine Vögel und stellt sie rings um sich auf. Dann klatscht er in die Hände. Und ... sie werden lebendig und fliegen auf und davon.

Es wird erzählt, dass Isa ganz ärmlich lebt. Er isst nur wilde Früchte und Kräuter. Er trägt auch nur einen einfachen Wollumhang. Mit seinen Freunden zieht er umher und spricht zu den Menschen von Gott. Er heilt Kranke. Sogar einen Toten macht er wieder lebendig.

Die großen Feste im Leben eines Muslims, einer Muslimin

Geburt, Namensgebung und der erste Zahn

Hatice erzählt:

Vor einem Jahr wurde mein Bruder Özgür geboren. Da hat sich die ganze Familie gefreut, und wir haben viel gefeiert. Kurz nach seiner Geburt hat mein Vater ihm den Gebetsruf ins rechte Ohr und das Glaubenszeugnis ins linke geflüstert. Eine Woche später wurde Özgür ein wenig Haar abgeschnitten, und er bekam seinen Namen. Die ganze Familie hat gespannt darauf gewartet, wer wohl Özgürs ersten Zahn sehen würde. Denn der muss dem Baby etwas schenken. Das war ich. Ich habe Özgür eine selber gestrickte Mütze geschenkt. Wir haben viele Gäste eingeladen. Es gab gekochten Weizen und Obst. Alle wollten wissen, was aus dem kleinen Özgür später einmal werden wird. Dazu werden eine Schere, der Koran und ein Goldstück vor das Baby gelegt. Greift es als Erstes zur Schere, wird es einmal sehr geschickt sein. Nimmt es den Koran, wird es später ein guter Schüler werden. Will es aber zuerst das Goldstück haben, wird es einmal sehr reich sein. Das sagt zumindest meine Tante Necla.

Beschneidung

Hasan Mahmud freut sich über eine Einladung zur Beschneidungsfeier bei Familie Yilmaz Neffen Erkan. In Syrien werden die Jungen schon im Säuglingsalter beschnitten. Erkan feiert wie die Jungen der meisten türkischen Familien im Grundschulalter. Bei der Beschneidung wird die Vorhaut seines Glieds abgeschnitten. Das findet heute vor der Feier in einem Krankenhaus oder einer Arztpraxis statt. Durch die Beschneidung wird der Junge in die islamische Gemeinschaft aufgenommen.

Die Beschneidung wird zwei Tage lang gefeiert. Der Junge hat Hemd und Hose aus hellem Satin an und eine Schärpe, auf der in Blau gestickt »Ma scha'a 'llāh« (»Was Gott will« im Sinne von »Gott behüte dich«) steht. Auf dem Kopf trägt er einen mit Perlen besetzten Hut. Hinzu kommen ein Cape und ein Zepter.

Alle Verwandten und Freunde besuchen ihn und schenken ihm Süßigkeiten oder Geld.

Hochzeit

Frau Karimi erinnert sich:

Bei muslimischen Hochzeiten bekommen die Brautleute Geldscheine, die ihnen an die Kleidung geheftet werden.

Als wir vor 15 Jahren heirateten, haben wir uns von einem Imam trauen lassen, denn wir wollten unsere Ehe unter den besonderen Schutz Gottes stellen. Bei der Zeremonie sprachen wir die erste Sure des Korans. Die Ehe hat eine tiefe religiöse Bedeutung. Sie gilt als ein »Zeichen Gottes«. Der Koran sagt: Beide Partner sollen einander lieben und »Rahma« üben. Rahma heißt »Barmherzigkeit« und schließt Mitgefühl, Rücksichtnahme und Fürsorge füreinander ein.

Unsere Hochzeit werde ich nie vergessen. Ich trug ein weißes Hochzeitskleid; denn Weiß ist die Farbe von Reinheit und Frieden. Allerdings sind in islamischen Ländern auch traditionelle Kleider üblich. Die Hochzeitsgäste überreichten Geschenke und Geldscheine, die sie dem Brautpaar an die Kleider steckten. Die Hochzeitsfeier dauerte drei Tage. Männer und Frauen feierten getrennt. So ist es üblich. Es wurde viel gegessen und getrunken, allerdings kein Alkohol. Der ist für Muslime und Musliminnen verboten. Später wurde viel getanzt, vor allem traditionelle Tänze unserer Heimat.

Tod im Islam

Ayshe erzählt:

Als wir noch in Syrien lebten, ist Onkel Rashid bei einem Bombenangriff getötet worden. Wir waren alle furchtbar traurig und verzweifelt. Onkel Rashid war noch keine 40 Jahre alt. Großmutter hat viel geweint. Aber sie sagte auch: »Wir gehören Gott, und zu ihm kehren wir zurück. Wenn ein Mensch stirbt, gelangt er in die Obhut Gottes. Wir dürfen nicht an Gottes Barmherzigkeit zweifeln. Gott lässt die Menschen zwar sterben. Doch erweckt er sie zu neuem herrlichen Leben.«

Trotzdem haben alle geweint und geklagt, als Onkel Rashid in einem Trauerzug zum Friedhof getragen wurde. Unterwegs haben sie an einer Moschee Halt gemacht, und der Imam hat ein Gebet gesprochen. Das Grab muss so angeordnet sein, dass der Verstorbene auf der rechten Seite mit dem Gesicht nach Mekka gerichtet ruht.

Cem Korkmaz erläutert:

Die Trauer um einen Verstorbenen ist bei uns Aleviten sehr wichtig. Wir glauben, dass der Verstorbene mit Hak (Gott) eins wird. Hak ist Teil aller Dinge, also auch des Menschen. Es gibt ein besonderes Ritual der Beweinung. Wir versammeln uns in einem Raum, um gemeinsam zu weinen. In unseren Dörfern gab es immer eine Frau, die das Leben des Verstorbenen besungen hat. Die Trauerzeit endet nach 40 Tagen mit einem großen gemeinsamen Essen.

Wie wir unseren Glauben leben

Die Zehn Gebote nach dem Koran

1. Und dein Herr hat befohlen: Verehrt keinen außer Ihm.
2. Und erweist den Eltern Güte. Wenn ein Elternteil oder beide bei dir ein hohes Alter erreichen, so sage dann nicht »Pfui!« zu ihnen und fahre sie nicht an, sondern sprich zu ihnen in ehrerbietiger Weise.
3. Und gib dem Verwandten, was ihm gebührt, und ebenso dem Armen und dem Sohn des Weges [= Heimatloser], aber sei dabei nicht ausgesprochen verschwenderisch.
4. Und tötet eure Kinder nicht aus Furcht vor Armut; wir sorgen für sie und für euch. Wahrlich, sie zu töten ist ein großer Fehler.
5. Und kommt der Unzucht nicht nahe; seht, das ist eine Schändlichkeit und ein übler Weg.
6. Und tötet nicht das Leben, das Gott unverletzlich gemacht hat, es sei denn zu Recht.
7. Und tastet nicht das Gut der Waise an, es sei denn zu ihrem Besten, bis sie die Reife erreicht hat. Und haltet die Verpflichtung ein; denn über die Verpflichtung muss Rechenschaft abgelegt werden.
8. Und gebt volles Maß, wenn ihr messt, und wägt mit richtiger Waage; das ist durchaus vorteilhaft und letzten Endes das Beste.
9. Und verfolge nicht das, wovon du keine Kenntnis hast.
10. Und wandle nicht ausgelassen (in Übermut) auf der Erde; denn du kannst weder die Erde durchbrechen, noch kannst du die Berge an Höhe erreichen.

(Sure 17,22-37)

Kenan Korkmaz ergänzt:

Uns Aleviten ist es wichtig, mit allen Menschen gut zusammenzuleben und Toleranz zu zeigen. Wir sollen Nächstenliebe, Hilfsbereitschaft und Bescheidenheit üben. Töten, Diebstahl, Ehebruch und Verleumdung sind streng verboten.

Was wir Muslime essen und trinken

Buraq erzählt:

Wenn ich gefragt werde, warum wir kein Schweinefleisch essen dürfen, sage ich immer: »Weil unser Koran es verboten hat.« Letzte Woche habe ich unseren türkischen Kinderarzt gefragt. Der ist auch Muslim. Ich sollte nämlich in der Schule erzählen, warum wir türkischen Kinder beim Schulfest keine Bratwürstchen essen dürfen. Zuerst wusste ich nicht, was ich sagen sollte. Dr. Özsinmaz hat mir erklärt, dass Schweine früher als unrein galten. Die Juden essen ja auch kein Schwein. Das Schweinefleischverbot ist eine Vorbeugemaßnahme gegen Trichinose, eine Krankheit, die durch Schweinefleischverzehr auf den Menschen übertragen werden kann. Darum ist es nötig, das geschlachtete Schwein sorgfältig zu untersuchen. Das ging zur Zeit Mohammeds noch nicht. Deshalb war es klug, das Essen von Schweinefleisch ganz zu verbieten.

Nur Korkmaz informiert:

Wir Aleviten sollen uns vernünftig ernähren und nicht übermäßig viel Alkohol trinken. Nicht verzehren dürfen wir Tauben und Kraniche, weil sie für Frieden und Treue stehen. Auch Kaninchen und Hasen sollen wir nicht essen, da sich von ihnen besondere Kräfte auf den Menschen übertragen können.

Das Glaubenszeugnis

Wir sprechen mehrmals am Tag unser Glaubenszeugnis:

Ich bezeuge, dass es keine Gottheit gibt außer Gott.
Ich bezeuge, dass Mohammed der Gesandte Gottes ist.

Wie wir beten: unser Pflichtgebet

Herr Yilmaz erläutert:

Muslime und Musliminnen beten täglich:

- zwischen Morgendämmerung und Sonnenaufgang,
- zur Mittagszeit,
- am Nachmittag,
- am Abend
- und nach Sonnenuntergang.

Muslimische Männer tragen beim Pflichtgebet eine Kappe. Viele bedecken ihren Kopf jedoch nicht nur beim Beten, sondern auch im Alltag auf der Straße.

Viele Muslime tragen wie Herr Yilmaz eine solche Gebetskette auch im Café oder auf der Straße in der Hand. Sie drehen die Perlen und sprechen hintereinander jeweils 33 Mal:

»Subhanallah« (Ehre sei Gott), »Al-hamdullilah« (Lob sei Gott) und »Allahu akbar« (Gott ist größer).

In jeder Familie gibt es Gebetsteppiche. Damit niemand außerhalb des Gebets darauf tritt, ist oft eine Ecke zurückgeschlagen. Gebetsteppiche sind ganz verschieden gemustert, doch muss das Kopfende stets vom Fußende zu unterscheiden sein. So vermeidet man, dass jemand aus Versehen mit den Füßen das Kopfende betritt und damit den Teppich verunreinigt. Zum Pflichtgebet benötigen Muslime und Musliminnen rituelle Reinheit. Deshalb waschen sie sich vor dem Gebet nicht nur selbst, sondern decken auch den Boden mit seinem Alltagsschmutz ab. Auf diese Weise kann man überall beten: in der Wohnung, auf der Arbeitsstelle und sogar unterwegs auf der Straße.

Manche benutzen einen Kompass, um beim Gebet die genaue Richtung nach Mekka (Qibla) zu bestimmen.

Unser Prophet Mohammed hat gesagt, dass wir fünfmal am Tag beten sollen. Wenn wir beten, vertrauen wir Gott und seiner Barmherzigkeit. Alle Gläubigen sind Schwestern und Brüder.

Wenn wir beten, geht das so: Erst stehen wir aufrecht. Dann verneigen wir uns und stellen uns erneut aufrecht hin. Anschließend knien wir uns so weit hin, dass mehrere Körperstellen gleichzeitig den Boden berühren. Dann setzen wir uns auf unsere Knie und Füße und wenden unseren Kopf nach rechts und links.

Wie wir fasten: der Monat Ramadan

Ahad erklärt:

Ich habe einen Papierflieger gebastelt, weil bei bedecktem Himmel Flugzeuge zur Sichtung des Neumonds ausgeschickt werden, damit der richtige Zeitpunkt zum Ramadanbeginn nicht verpasst wird.

Sehr wichtig ist für uns das Fasten im Monat Ramadan. Alle erwachsenen Muslime und Musliminnen, die gesund sind, essen und trinken dann einen Monat lang nichts – und zwar von Anbruch der Morgendämmerung bis zum Sonnenuntergang. Jedes Jahr beginnt der Ramadan ungefähr elf Tage früher als im Vorjahr. Im Hochsommer ist es ziemlich anstrengend. Denn da fastet man etwa 20 Stunden. In der Fastenzeit dürfen die Erwachsenen nicht rauchen. Schwerstarbeiter, alte und kranke Menschen und Schwangere sind vom Fasten befreit.

Das Fasten wird ungültig, wenn man andere Menschen beleidigt und beschimpft. Denn unsere Fastenzeit ist auch eine Zeit der Versöhnung. Ich finde es besonders schwer, nichts Böses zu meinem großen Bruder zu sagen, obwohl der mich den ganzen Tag nervt!

Nach Sonnenuntergang trifft man sich mit der Familie, mit Freunden oder auch mit vielen fremden Menschen, um gemeinsam zu essen und und zu trinken.

Hatice fährt fort:

In der Türkei war der Ramadan immer ein ganz tolles Erlebnis. Manchmal bin ich sogar freiwillig früher ins Bett gegangen, um den Trommler rechtzeitig zu hören. Der zieht durch die noch dunklen Straßen und Gassen und erinnert an das nächtliche Essen, an die letzte Mahlzeit, bevor die Sonne aufgeht. Dieses frühe Aufstehen war ganz schön anstrengend. Aber meine Mutter bestand darauf, dass jeder vor dem Fastentag etwas essen sollte. Es war schon manchmal schwer, den ganzen Tag nichts zu trinken – vor allem im Sommer. Aber irgendwie konnte man es aushalten, weil ja alle mitmachten. In der Schule war es in der Fastenzeit auch ganz gut, weil wir da nicht so viel lernen mussten. Das ist hier in Deutschland anders. Da muss ich oft mitten im Ramadan schwere Klassenarbeiten schreiben. Das ist mühsam.

Am tollsten sind in der Türkei die Abende kurz vor dem Fastenbrechen. Alle warten gespannt auf die Kanonenschüsse bei Sonnenuntergang. Wenn die losdonnern, darf man wieder essen und trinken. Alle Moscheen der Stadt schalten die hellen Lichter an den Minaretten an. Die ganze Stadt ist festlich erleuchtet. Dann setzt sich jede Familie gleichzeitig mit Millionen anderer Muslime und Musliminnen auf der ganzen Welt zum abendlichen Festessen hin. Im Ramadan haben wir abends nie allein gegessen. Immer war die ganze Familie zusammen. Oft waren wir bis zu 20 Personen: Tanten und Onkel, Cousins und Cousinen. Lange vorher starrten wir Kinder sehnsüchtig auf den gedeckten Tisch. Dort lagen Feigen, Rosinen, Datteln, Mandeln und Pistazien. Lecker sind auch das in Zitronensirup und Zucker getauchte Gebäck und das Kompott aus gedünsteten Aprikosen und Pflaumen und die ganzen anderen Köstlichkeiten.

Wenn der Kanonenschuss losging, fing das große Schmausen an. Danach saßen wir noch lange um den Tisch herum und erzählten uns Geschichten. In den Moscheen lasen die Imame die ganze Nacht aus dem Koran. Bis zwei Uhr morgens wimmelten die Straßen vor Menschen. Sänger traten auf und Volkstanzgruppen. Das macht unheimlich viel Spaß.

Taifun Yilmaz fragt seinen Freund Javad, ob es richtig ist, als Profifußballer im Ramadan nicht zu fasten. Javad erklärt ihm, dass es Rechtsgutachten darüber gibt, dass Schwerstarbeiter, Profisportler und auch schwangere Frauen nicht fasten müssen. Man kann das Fasten im Urlaub nachholen oder, wenn das nicht klappt, stattdessen einen Armen speisen.

Wie wir Gott ehren: die Pilgerfahrt nach Mekka

Puran berichtet:

Vor zwei Monaten besuchten uns Tante Fatme und Onkel Metin. Sie waren gerade in Mekka zum *Hadj* gewesen. So heißt auf Arabisch unsere Pilgerfahrt. Die hatten vielleicht viel zu erzählen! In Mekka waren Hunderttausende von Menschen aus vielen islamischen Ländern. Zuerst hat Onkel Metin die weiße Pilgerkleidung angezogen. Alle Pilger sehen dann gleich aus, denn Gott macht keinen Unterschied zwischen Arm und Reich. Tante Fatme konnte ihre Alltagskleidung anbehalten. Vorher nahmen sie ein Bad. Onkel Metin musste sich rasieren. Tante Fatme musste sogar ihr Make-up entfernen.

Dann haben sie in der großen Moschee gebetet. Anschließend sind sie zur *Kaaba* gegangen. Das ist ein riesiges Gebäude aus Stein, ihre Seiten sind 10 und 12, ihre Höhe 16 Meter. Hier hat Ibrahim das erste Haus für den einen Gott gebaut. Onkel Metin und Tante Fatme sind siebenmal um die Kaaba herumgegangen. Dann sind sie zum Brunnen *Zamzam* gepilgert und zum »Ort des Laufens«. Ibrahims Frau Hagar ist auch siebenmal in der Wüste hin- und hergelaufen, um Wasser für ihren Sohn Ismail zu suchen. Endlich fand sie den Brunnen, aus dem die Pilger noch heute Wasser schöpfen. Anschließend sind Onkel Metin und Tante Fatme zu einem Berg bei *Arafat* gepilgert. Dort haben sie den ganzen Tag gestanden und gebetet. Am nächsten Tag haben sie in Mina Steinchen gesammelt und auf steinerne Säulen geworfen. Dabei haben sie sich vorgestellt, dass sie den Teufel treffen. Zum Schluss ließen sie zur Erinnerung an Ibrahim ein Schaf schlachten. Bevor sie wieder nach Hause fuhren, ging es zu Mohammeds Grab in *Medina*. Wenn ich groß bin, möchte ich auch die Pilgerfahrt machen.

Wie wir mit anderen zusammenleben

Wie wir den Armen helfen: die Pflichtabgabe

Imam Özsinmaz:

Ich bin der Imam, also der Vorbeter der muslimischen Gemeinde. In den nächsten Wochen habe ich viel zu tun, die Pflichtabgabe einzusammeln. Diejenigen, die mehr Geld verdienen, sollen den Ärmeren etwas von ihrem Besitz abgeben. So steht es im Koran. Zusätzlich zur Pflichtabgabe, die *Zakat* genannt wird, gibt es weitere freiwillige Gaben. Am Ende der Fastenzeit schicken wir immer Geld für ärmere Verwandte in unsere Heimatländer.

Puran erklärt:

Nach dem Essen lese ich meiner Großmutter vor, weil ihre Augen nicht mehr so gut sind. Wir Musliminnen und Muslime wollen alte Menschen ehrfürchtig behandeln. Im Koran steht, dass wir mit älteren Menschen, die nicht mehr alles können, freundlich und nachsichtig umgehen sollen. Vor allem sollen wir daran denken, dass jeder als kleines, schutzloses Kind auf die Liebe und Hilfe der Eltern und Großeltern angewiesen war. Diese Fürsorge sollen wir dann später zurückgeben. Wir haben auch noch andere wichtige Gebote für unser Verhalten zu Gott und den Mitmenschen.

Im Koran steht:

Und (erweist) den Eltern Güte. Wenn ein Elternteil oder beide bei dir ein hohes Alter erreichen, so sage dann nicht »Pfui!« zu ihnen und fahre sie nicht an, sondern sprich zu ihnen in ehrerbietiger Weise. Und senke für sie in Barmherzigkeit den Flügel der Demut (...)
(Sure 17,23-24)

Der »Rote Halbmond« ist eine islamische Hilfsorganisation, die sich um den Schutz des Lebens, der Gesundheit und Menschenwürde kümmert. Er erfüllt ungefähr dieselben Aufgaben wie das »Rote Kreuz«. Dieses Auto bringt Hilfsgüter für Erdbebenopfer in die Türkei.

Was unser Glaube mit Sport zu tun hat

Sibil Korkmaz berichtet:

Bei uns Aleviten spielt Tanz (Semah) eine besondere Rolle. Ich liebe den Wechsel von langsamen und schnellen Schritten und die Drehungen um meine eigene Achse. Ich weiß aber auch, dass unser Tanz eigentlich ein Gebet ist und Einswerdung mit Gott und Natur bedeutet.

Taifun erzählt:

Fußball ist die beliebteste Sportart in der Türkei. Der türkische Fußballverband wurde im Jahre 1923 gegründet, und seit 1959 werden die professionellen Ligaspiele in der Süper Lig ausgetragen. Die türkische Nationalmannschaft hatte ihren größten Erfolg bei der Fußballweltmeisterschaft 2002, als sie den dritten Platz erreichte. Hier in Deutschland bin ich Profifußballer in der dritten Liga. Mein großer Traum ist es, einmal für die erste türkische Liga zu kicken, am liebsten für Galatasaray.

Ayshe informiert:

Sportler aus der islamischen Welt nehmen an Olympischen Spielen und an verschiedenen innerarabischen beziehungsweise innerislamischen Wettkämpfen teil.

Grundsätzlich befürwortet der Islam Sport und Bewegung für Frauen zur Erhaltung ihrer Gesundheit und Schönheit, aber auch, weil Bewegung Freude bereitet. Ägypten entsandte 1984 sechs weibliche Athleten zu den Olympischen Spielen. Aber die islamische Kleiderordnung hat in manchen Ländern die Teilnahme von Frauen an internationalen Wettkämpfen er-

schwert. Zur Olympiade 2012 in London sind zum ersten Mal auch Frauen aus Saudi-Arabien mitgefahren.

Hatice erzählt:

Meine Eltern haben nichts gegen Sport für Mädchen. Aber sie möchten nicht, dass ich mich in einem Badeanzug vor Jungen zeige. In islamischen Ländern und in einigen größeren europäischen Städten gibt es getrennte Schwimmzeiten für Frauen und Mädchen. Das finde ich gut.

Puran erklärt:

Ich bin froh, dass meine Eltern das locker sehen. Ich bin im Schwimmverein. Da sind auch Jungen mit uns im Becken. Außerdem gehe ich zum Voltigieren. Wir haben da zwar keinen Jungen in der Gruppe. Aber auf Turnieren starten wir gemischt. Prinzipiell haben Frauen in Iran, wo ich herkomme, zwei Möglichkeiten, Sport zu treiben: in geschlossenen Räumen beziehungsweise von Männern getrennten Bereichen. Dort dürfen sie in normaler Sportkleidung Aerobic, Gymnastik, Schwimmen, Leichtathletik, Badminton, Tischtennis und Basketball betreiben. Andere Sportarten werden in islamischer Kleidung in aller Öffentlichkeit ausgeübt, zum Beispiel Joggen, Skifahren, Kajakfahren, Reiten, Karate und Schießen.

Unsere Religion will den Frieden, aber ...

Hasan und Parvis stehen einander streitlustig auf dem Schulhof gegenüber. Daneben Buraq, Peter und Ayshe.

Peter stellt fest:

Ist ja typisch für euch, dass ihr euch immer prügelt. Das kann man ja auch in der Zeitung lesen. Wo Muslime das Sagen haben, schlagen sie sich die Köpfe ein.

Ayshe wendet ein:

Peter, du redest Blödsinn. Was du in der Zeitung liest, ist Politik. Als wenn es in den christlichen Ländern nie Krieg und Streit gibt. Meine Mutter sagt auch immer: »Man muss miteinander reden, nicht gleich loshauen.« Unser Prophet Mohammed hat auch befohlen, dass gute Muslime und Musliminnen den anderen davon abhalten sollen zu streiten. Mohammed riet einem Gläubigen: »Leiste deinem Bruder Beistand, sei es, dass er ungerecht handelt, sei es, dass er ungerecht behandelt wird ...« Da sagte ein Mann: »O, Gesandter Gottes, ich leiste ihm Beistand, wenn er ungerecht behandelt wird. Aber was meinst du, wenn er selbst ungerecht handelt, wie kann ich denn ihm beistehen?« Er sagte: »Du behütest ihn davor, oder du hinderst ihn daran, Ungerechtigkeit zu begehen. Das ist dein Beistand für ihn.«

Buraq erklärt:

Im Koran steht: »*Und wenn zwei Gruppen von den Gläubigen einander bekämpfen, dann stiftet Frieden zwischen ihnen! Wenn dann aber die eine der anderen Gewalt antut, dann kämpft gegen diejenige, die gewalttätig ist, bis sie dann wieder einlenkt und sich der Entscheidung Gottes fügt! Wenn sie dann wieder einlenkt, dann stiftet zwischen den beiden Frieden. Gott liebt die, die gerecht handeln.*« (Sure 49,9)

Hasan mischt sich ein:

Eigentlich sagen alle Religionen, dass man sich vertragen und miteinander Frieden halten soll. Trotzdem wenden die Anhänger und Anhängerinnen dieser Religionen oft Gewalt an, um ihre Ziele durchzusetzen. Unser Koran sagt an vielen Stellen, wie wichtig Versöhnung ist.

Peter lässt nicht locker:

Bei uns gibt es wenigstens keine heiligen Kriege wie bei euch im Islam.

Ayshe verteidigt sich:

Bei uns sind Kriege nicht heilig! Was du meinst, ist der Djihad, und das heißt »Bemühen für Gott«. Damit ist manchmal auch ein Kampf mit der Waffe gemeint. Es kann aber auch ein anderer Kampf sein: für eine gerechtere Gesellschaft, gegen Arbeitslosigkeit, Analphabetismus oder so! Der wichtigste Kampf ist der gegen das Böse, auch gegen die eigenen schlechten Eigenschaften. Das hat unser Prophet gesagt!

Buraq erklärt:

Oft haben die Anhänger und Anhängerinnen der einen Religion Vorurteile gegenüber denen der anderen Religion: »Muslime sind fanatisch, bekämpfen andere mit Gewalt.« Dabei erlaubt unser Koran nur den Verteidigungskrieg. Der Koran sagt auch, dass man beim Kämpfen nicht übertreiben und keine Unschuldigen wie Frauen, Kinder, Kranke und Alte angreifen soll.

Peter fragt:

Aber glaubst du nicht, dass manche Politiker und Politikerinnen die Religion ganz schön missbrauchen, Parvis?

Parvis gibt zu:

Manchmal schon! Aber weißt du: Oft sind die Religionen gar nicht schuld an dem Streit und der Gewalt. In Wirklichkeit geht es um politische und wirtschaftliche Fragen. Unser Islam verbietet, grundlos zu töten. Aber es gibt auch Fanatiker – Islamisten –, die alles Nichtmuslimische bekämpfen wollen. Die schaden dem Ansehen der Mehrheit der Muslime und Musliminnen.

Spuren des Islam bei uns

Frau Mahmud erklärt:

Die Kreuzfahrer trafen im Orient auf Dinge, die sie noch nicht kannten und brachten sie nach Europa. Vor über 1000 Jahren gab es in der islamischen Welt viele berühmte Gelehrte, Wissenschaftler und Handwerker. Ihr Wissen in Sternenkunde, Mathematik, Physik, Chemie und Medizin war berühmt. Sie kannten Heilmittel für verschiedene Krankheiten. Und vorbildlich war die Versorgung in den Krankenhäusern, selbst für ärmere Menschen. Islamische Techniker leisteten Beachtliches bei der Bearbeitung von Eisen. Vielleicht hast du schon einmal von der berühmten Damaszener-Schwertklinge gehört? So hießen die Schmiedeerzeugnisse aus der Stadt Damaskus.

Hatice ergänzt:

Von den Chinesen lernten die Muslime, wie man Papier herstellt. Sonst gäbe es bei uns weder Papiergeld noch Spielkarten, und man müsste wie früher auf Palmblätter und Tierhäute schreiben.

Ayshe überlegt:

Neulich musste ich im Mathe-Unterricht grinsen. Da war mir gerade eingefallen, dass die Zahlen, mit denen wir heute rechnen, durch die Muslime nach Europa kamen. Die neuen Zahlen waren 1, 2, 3, 4, 5, 6, 7, 8, 9 und die 0. 0 bedeutet auf Arabisch sifr. Daher kommt das Wort Ziffer. Stellt euch vor, wie kompliziert es wäre, römische Zahlen schriftlich zu addieren oder subtrahieren oder gar malzunehmen oder zu teilen.

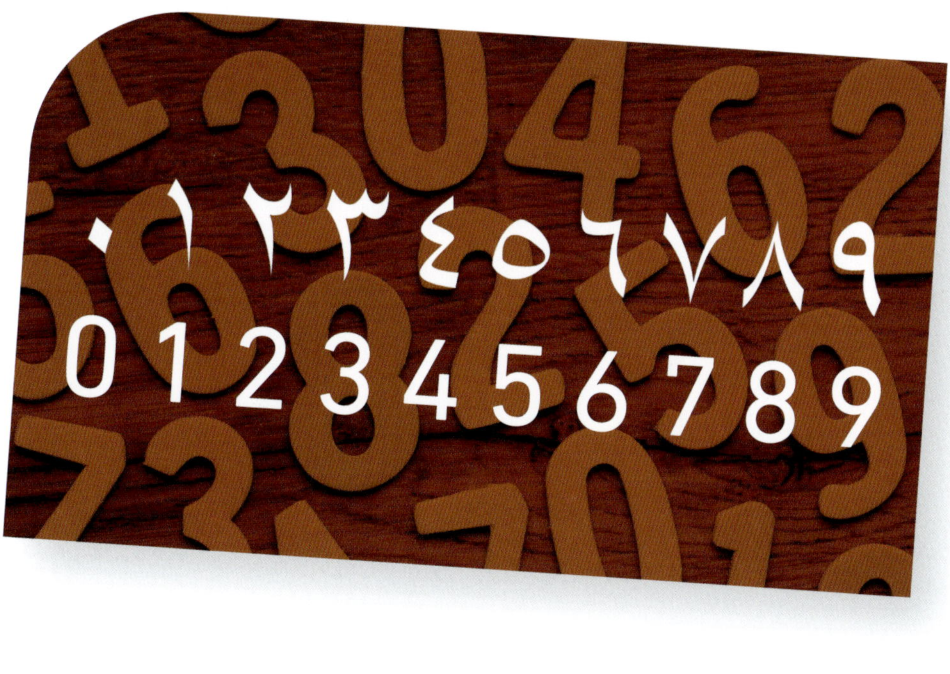

Hasan Mahmud führt aus:

Viele Wörter der deutschen Sprache stammen ursprünglich aus dem Arabischen. Du hast sicher schon einige gehört: Lebensmittel wie Aprikose, Bohne, Zwetschge, Spinat, Mokka und Orange, Zucker, Salz und Sirup; Kleidungsstücke wie Kittel, Mütze, Jacke, Gamasche; Musikinstrumente wie Gitarre, Tamburin und Mandoline; Tiere wie Giraffe und Gazelle.

Hasan erläutert:

Im Fernsehen erfahren wir manchmal, dass die Polizei eine Razzia durchgeführt hat oder dass für Arbeiter und Angestellte Tarif ausgehandelt wurde. Diese Wörter kommen auch aus dem Arabischen. Razzia bezeichnet einen schnellen, unerwarteten Überfall oder Raubzug und Tarif bedeutet Bekanntmachung, Preisliste.

Hinduismus

Die Vielfalt des Hinduismus

Der Hinduismus ist die Religion Indiens. Genauer gesagt handelt es sich nicht um eine, sondern um eine Vielzahl unterschiedlicher Religionstraditionen. Manche Hindus beten Shiva an, andere verehren Vishnu. Die Inder selbst bezeichnen ihre Religion als Arya Dharma (»Edle Ordnung«) oder Sanatana Dharma (»Ewige Ordnung«). Wichtig für die meisten Hindus ist der Glaube an Karma, das Gesetz der Tatvergeltung, an die Wiedergeburt sowie die Ordnung des Lebens in Kasten und in bestimmte Lebensabschnitte.

Mit über einer Milliarde Gläubigen ist der Hinduismus die drittgrößte Religion der Welt. Hindus leben vorwiegend in Indien. Außerdem hat der Hinduismus südostasiatische Länder kulturell und religiös beeinflusst: Myanmar, Thailand, Laos, Kambodscha, Vietnam und viele indonesische Inseln (z.B. Bali). Da die meisten Inder Hindus sind, ist der Hinduismus überall dort verbreitet, wo Inder leben: zum Beispiel in Großbritannien, in den Niederlanden, in Nord- und Südamerika. In Deutschland leben ungefähr 100.000 Hindus: Tamilische Hindus aus Sri Lanka, indische und afghanische. Ca. 7500 sind westlicher Herkunft.

Der dem Gott Murugan geweihte Tempel Vadapazhanee Murugan Kovil auf Mauritius

SCHAU DIR DAS WOHNHAUS AUF DER WIMMELSEITE GENAU AN:

Nandita und Rajan Kaukar wohnen mit ihren Kindern Nagen, Sanjukta und Ranesh in dem rechten Haus. Sie sind Shivaiten.

Entdecke Familie Kaukar auf dem Wimmelbild:

Nandita Kaukar steht am Fenster. Sie hat gerade das Götterbild von Shiva und Parvati am Hausaltar gebadet und geschmückt. Nagen Kaukar trägt ein Radio und hört sich die Mahalayahymne an, die immer zu Beginn der Durga-Puja (sprich: Pudscha) gespielt wird. In der anderen Hand trägt er einen Korb mit dem Prasad-Opfer (Sari, Schmuck, Schminke, Parfum, Sandelpaste, Münzen, Spiegel, ungeschälte Reiskörner, Gerste sowie Senfkörner und Blumengirlanden). Rajan Kaukar hat eine Statue der Göttin Durga auf dem Gepäckträger seines Motorrollers. Ranesh Kaukar hat Feuerwerkskörper für das demnächst stattfindende Divali-Fest gekauft. Sanjukta Kaukar ist auf dem Weg zum Tanzunterricht. In der Tasche trägt sie eine Tabla, ein typisches Instrument zur Tanzbegleitung.

Suhas und Draupadi Patel wohnen mit ihren Kindern Asha, Lal und Adith im linken Haus. Sie sind Vishnuiten.

Entdecke Familie Patel auf dem Wimmelbild:

Draupadi Patel steht am linken Fenster und bereitet die traditionellen Speisen für das bevorstehende Dashahara-Fest zu. Vater Suhas Patel und Tochter Asha sitzen unter einem Baum und lesen in der heiligen Schrift Bhagavadgita. Lal Patel hört auf seinem Smartphone Bollywoodmusik. Adith Patel setzt ein Schiffchen auf den Fluss, das Gebete und Wünsche zu den Göttern tragen soll.

Silvia Rabe mit Hund gehört nicht zum Hinduismus, interessiert sich aber sehr für Indien. Seit einem Jahr hat sie eine Freundin in Indien, mit der sie E-Mails austauscht.

Entdecke Silvia Rabe auf dem Wimmelbild.

Heilige Orte

Frau Kaukar erzählt:

Im Hinduismus gibt es viele heilige Stätten, die oft Wallfahrtsorte sind. Sie werden »Furten«, Flussübergänge genannt, da sie nach hinduistischer Vorstellung einen Übergang zwischen weltlicher und göttlicher Welt bilden: zum Beispiel heilige Flüsse wie der Ganges oder Berggipfel wie der Berg Kailash, der als Wohnort des Gottes Shiva gilt. Von den vielen Wallfahrtsorten sind sieben besonders heilig: die Städte Varanasi und Haridwar am Ganges. Dort ein Bad zu nehmen, reinigt von allem schlechten Karma. Dort zu sterben, befreit von der Wiedergeburt in ein neues Leben. Heilig sind auch Ramas Geburtsort Ayodhya, Krishnas Geburtsort Mathura und sein Königssitz Dwarka, Kanchipuram mit dem Shiva-Tempel und Ujjain.

Varanasi, auch Kashi (»Stadt des Lichts«) und früher Benares genannt, ist circa 3500 Jahre alt und gehört zu den ältesten Städten der Welt. Sie liegt am Ufer des Ganges, der vom fernen Himalaja zum Golf von Bengalen fließt. Über 2000 Tempel stehen in Varanasi. Gott Shiva machte sie sich zur Residenz, als er mit seiner Braut Parvati einen irdischen Wohnsitz suchte.

Haridwar ist ein heiliger Ort am Austritt des Ganges aus den Bergen. Alle zwölf Jahre hat der Fluss in Haridwar die wunderbare Fähigkeit, die Menschen von ihren Sünden zu befreien.

Im Kesava Deo-Tempel von Mathura am Ufer des Yamuna wurde vor 3500 Jahren Krishna geboren.

Weil einer der vier Tropfen aus dem Krug der Unsterblichkeit auf Ujjain fiel, wird hier und an drei anderen Orten, zum Beispiel Haridwar, die Kumbh

Mela, das »Fest des Kruges«, begangen. Es ist das größte religiöse Fest der Welt.

Ayodhya wird in mehreren heiligen Texten erwähnt und ist ein zentraler Pilgerort.

Im westindischen Dwarka sind viele Tempel Krishna geweiht.

Allahabad, am Zusammenfluss von Yamuna und Ganges, gilt als Wohnsitz der Göttin Sarasvati. Hunderttausende von Pilgern baden hier anlässlich des jährlich stattfindenden Magh Mela-Festes.

Im Jagannath-Tempel von Puri wird Vishnu als der Weltenherr verehrt.

In Pushkar schließlich befindet sich der einzige erhaltene Tempel für den Schöpfergott Brahma.

Varanasi bzw. Kashi, die »Stadt des Lichts«

Unser heiliges Gebäude, der Mandir

Herr Patel fährt fort:

Unser heiliges Gebäude wird Mandir (Tempel) genannt. Dort fühlen wir uns den Göttern ganz nahe. Shiva-Tempel erkennt man an der Figur eines in Richtung des Gottes blickenden Ochsen. Das ist Shivas Reittier Nandi. Unsere Tempel haben viele Bilder und Skulpturen. Sie stellen die jahrtausendealten Mythen unserer Götterwelt dar.

Zum Allerheiligsten gelangt man meist durch eine überdachte Eingangshalle. Hier halten sich viele Besucher erst einmal eine Zeitlang auf. In unseren Tempeln haben sich immer viele Menschen getroffen. In der Halle finden besonders an Feiertagen Gesang, Musik und Tempeltanz statt. Außerdem wird hier aus den heiligen Schriften vorgelesen, und es werden wichtige Geschichten aus der Überlieferung als Tanz oder Schattenspiel aufgeführt.

Götterstatuen und Hauptschrein im Inneren eines Hindu-Tempels

Im Zentrum des Tempelgebäudes, im »Mutterschoßhaus«, befindet sich meist auf einem Sockel der Hauptschrein der Gottheit, der dieser Tempel gewidmet ist, zum Beispiel Vishnu, Shiva oder Ganesha. Die Gläubigen zeigen ihre Verehrung, danken der Gottheit, bitten um Hilfe. Am Eingang größerer Tempel kaufen die Gläubigen Opfergaben für die Puja, die rituelle Verehrung der Gottheit durch Blumen, Essensgaben, Rauchopfer und Licht. An ihren Hausaltären und an kleinen Schreinen im Tempel können die Gläubigen die Puja selbst vollziehen. Sonst wird sie meist von Priestern ausgeführt. Man geht in der Regel im Uhrzeigersinn durch den Tempel.

Größere Tempelanlagen verfügen rechts vor der gemauerten Zelle über einen kleinen Raum, in dem die Gottheit abends zur Ruhe gebettet und morgens aufgeweckt wird. Zu jedem größeren Tempel gehört eine Küche, in der für die Gottheit Nahrung zubereitet wird, die als »Gnadengabe« anschließend an die Pilger verteilt wird.

Woran wir glauben

Hindugötter

Ranesh erzählt:

In unserer Religion gibt es viele Götter. Die größten sind *Brahma*, *Vishnu* und *Shiva*. Eigentlich sind sie drei Teile eines einzigen Gottes: Brahma hat die Welt geschaffen, Vishnu erhält sie, Shiva zerstört sie wieder. Mein Guru, so heißen bei uns die religiösen Lehrer, hat zu mir gesagt: Gott lebt in jedem von uns. Wir sollen ihn ein ganzes Leben lang suchen.

Unsere Götter sind verheiratet. Shivas Frau heißt Parvati, ihr bekanntester Sohn Ganesha. Vishnus Gemahlin ist Lakshmi.

Diese beliebteste Hindu-Gottheit gilt als Göttin des Reichtums, der Schönheit und des Glücks. Als Glücksbringerin ist Lakshmis Bild häufig über Haustüren angebracht.

Besonders beliebt ist auch der Elefantengott Ganesha. Er wird als dickbäuchiger Mann mit Elefantenkopf und einem abgebrochenen Stoßzahn dargestellt. Er hat zwei oder vier Hände. Ganesha gilt als Gott des Anfangs und »Herr der Hindernisse«, weil er Schwierigkeiten und Probleme aus dem Leben der Menschen wegschafft. Man bittet ihn oft um Hilfe, sei es vor einer Reise, vor einer Prüfung, vor dem Abschluss eines Geschäftes, einem Gerichtstermin oder zu Beginn einer Puja.

Der Kreislauf der Wiedergeburten

Nagen berichtet:

Wir Hindus glauben, dass wir nicht nur einmal leben. Wir werden mehrmals wiedergeboren. Wenn unser Leben gut gewesen ist, werden wir als besserer Mensch vielleicht in einer höheren Kaste wiedergeboren. Eine Kaste ist eine gesellschaftliche Gruppe, in die man hineingeboren wird. Aber wenn wir ein schlechtes Leben geführt haben, wird unsere Seele in einem weniger guten Menschen wiedergeboren. Vielleicht sogar in einem Tier. Entscheidend dafür ist immer unser *Karma*.

Das ist ein altes indisches Wort. Es bedeutet all das, was wir im Leben denken und tun, und das, was wir nicht tun, aber doch eigentlich tun sollten. Immer wiedergeboren zu werden ist keine schöne Sache. Irgendwann möchte ein Hindu nicht mehr wiedergeboren werden. Er will, dass sich das Rad der Wiedergeburt nicht mehr weiterdreht. Diesen Zustand kann man aber nicht in einem Leben erreichen, sondern nur nach mehreren Wiedergeburten. Wenn wir uns in jedem Leben etwas bessern, gute Taten begehen und meditieren, können wir es irgendwann schaffen.

Lal fährt fort:

Wir Hindus stellen uns diesen Zustand der Befreiung unterschiedlich vor. Meine Eltern und ich glauben an den Gott Vishnu. Wir vertrauen darauf, dass er uns vom *Rad der Wiedergeburten* befreien kann. In unserer Religion gibt es zwei verschiedene Wege, für die es schöne Bilder gibt. Die eine Richtung heißt »Affenweg«. Wenn das Affenbaby in Gefahr ist, klammert es sich an seine Mutter, die es dann fortträgt. Das Äffchen muss also selbst auch etwas tun, um gerettet zu werden.

Bei den Katzen ist das völlig anders. Das Katzenjunge wird von seiner Mutter im Maul fortgetragen. Es tut selbst nichts. Darum heißt dieser Weg »Katzenweg«.

Andere Hindus, die nicht an einen Gott im Himmel glauben, sagen, dass ihre Seele in der großen Weltseele aufgehen wird – wie die vielen Flüsse im Ozean.

Unsere heiligen Bücher

Asha erklärt:

Wir haben mehrere heilige Bücher. Sie erzählen vom Leben der Götter. Das älteste Buch heißt »Rig-Veda«. Es ist vor über 3000 Jahren entstanden. Es gibt auch Bücher über religiöse Kulthandlungen, Brauchtum und über Opfer. Bei uns Kindern sind zwei Heilige Schriften besonders beliebt. Die eine ist das »Ramayana«. Es erzählt die Geschichte von Gott Rama. Die andere ist die »Bhagavadgita«. In diesem Büchlein wird von Krishna erzählt. Rama und Krishna sind Menschwerdungen des Gottes Vishnu. Immer, wenn es auf der Welt ungerecht zugeht und alles wieder in Ordnung gebracht werden muss, tritt Vishnu in einer irdischen Gestalt auf und macht alles wieder gut. Wir kennen zehn solcher Helden. Manche kamen als Tiere, zum Beispiel als Schildkröte und eine Art Löwe. Wir wollen so sein wie Rama und Krishna. Wer Rama nacheifert, ist besonders friedfertig und ausgeglichen.

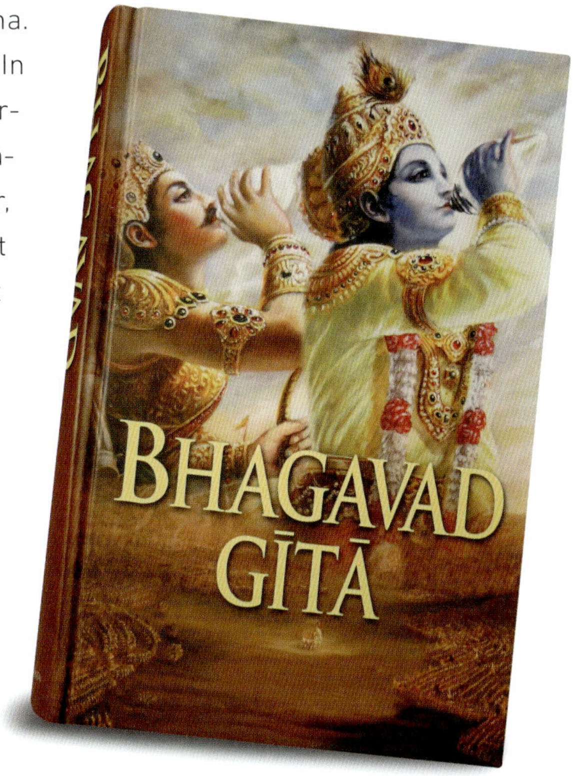

Unsere großen Gemeinschaftsfeste

Diwali

Ranesh berichtet:

Wir haben viele schöne Feste. Besonders mag ich Diwali. Das ist ein großes Lichterfest. Dann leuchten ganz viele kleine Lampen in den Fenstern und Tempeln. Außerdem gibt es ein tolles Feuerwerk.

Diwali wird zu Ehren der Göttin Lakshmi gefeiert. Sie ist die Frau Vishnus, die Göttin der Kaufleute. Das Feuerwerk und die vielen Lichter sollen zeigen: Diwali ist ein Fest, bei dem das Gute über das Böse siegt. Deswegen erzählen unsere Lehrer in den Schulen die Geschichte von Ramas Sieg über den bösen Rawana. Diwali wird im Herbst gefeiert.

Holi

Unser schönstes Fest im Frühling ist Holi. Dieses Fest feiern wir, um Krishna zu ehren. Auf den Straßen ist dann so viel los wie bei euch zur Faschings- oder Karnevalszeit. Wir ziehen uns ganz weiß an und überschütten andere Menschen mit bunten Farben – rot, blau und grün. An so einem Tag darf sogar jemand aus einer anderen Kaste beschmiert werden. Das macht Spaß!

Durga-Puja und Dashahara

Herr Kaukar erzählt:

Die zehn Tage dauernde Durga-Puja zur Erinnerung des Sieges der Göttin Durga über den Büffeldämon Mahishasura wird Ende September oder Anfang Oktober in Südindien vorwiegend von Shivaiten gefeiert. Ungefähr zur gleichen Zeit feiern Vishnuiten im Norden Indiens das neun Tage dauernde Dashahara-Fest, das dem Sieg Ramas über den Dämonenfürst Ravana gewidmet ist.

Bei der Durga-Puja feiern die Menschen in allen Dörfern und Städten die Ankunft der Göttin mit Konzerten, Tanzdramen und prunkvollen Prozessionen. Jeder beschenkt Freunde und Verwandte; Hausfrauen kochen Festessen und stellen spezielle Süßigkeiten her. Überall in den frisch herausgeputzten Häusern und Höfen, in Veranstaltungszelten oder sogar quer über die Straße bauen die Menschen kleine oder große Altäre auf, davor jeweils eine Bühne. Ist der tägliche Gottesdienst während der Feiertage beendet, singen einzelne Sänger oder Gruppen traditionelle Lieder. Überall kann man Durga-Statuen in allen Preislagen kaufen. Besonders wichtig sind der erste, der fünfte, der achte und der zehnte Tag.

Der erste von zehn Tagen heißt *Mahalaya*. Bei Tagesanbruch steht man auf, nimmt ein zeremonielles Bad und legt frische Kleidung an. Dann bittet man mit inbrünstigen Gebeten und Gesängen die Göttin, auf die Erde zu kommen.

Früher trugen Sänger die Hymnen vor, heute hört man sie oft im Radio oder spielt sie auf CD ab. Ab *Panchami*, dem fünften Tag, steht Durga im Mittelpunkt, in ihren zehn Händen Waffen haltend, strahlend schön geschmückt – triumphierend auf dem Löwen reitend, zu ihren Füßen der geschlagene Büffeldämon Mahishasura.

Hier in Deutschland laden wir oft Freunde ein, die nicht zu unserer Religion gehören. Letztes Jahr hat Rajan seine Schulkameraden Daniel, Peter, Buraq und Fukito zur Feier mitgebracht.

Nagen fährt fort:

Vom fünften Tag an veranstalten Priester täglich mehrstündige Zeremonien. Diese stellen in symbolischer Form Begebenheiten des Kampfes der Göttin mit dem Büffeldämon nach, jeder Tag behandelt einen bestimmten Abschnitt.

Täglich »weckt« der Priester Durga mit Gebeten, mit einer Handglocke sowie dem dröhnenden Klang des Muschelhorns. Ein wichtiger Bestandteil der Puja ist das »Bad«, für das man einen Spiegel benutzt: Der Priester hält ihn vor die Statue. Dann nimmt er den Spiegel mit dem Bild darin und wäscht diesen anstelle der tatsächlichen Statue in einer kleinen Kupferschüssel. Weiter bietet der Priester täglich Getränke und Speisen als Opfer, Prasad, an

– Getreide, Früchte, Kräuter, Honig, Butter, Joghurt, Milch, Wasser. Auch alles, was eine Frau braucht, gehört zu den Gaben: In einem Brautkorb überreicht er Sari, Schmuck, Schminke, Parfum, Sandelpaste, Münzen, Spiegel, ungeschälte Reiskörner, Gerste sowie Senfkörner. Schließlich schmückt er sie mit Blumengirlanden. Am Abend, nach dem letzten Opfer, deckt er ein zartes Tuch über den Altar; wie die Menschen möchte auch die Göttin »schlafen«.

Am achten Tag, *Ashtami*, kommen die Feierlichkeiten zum Höhepunkt – die Schlacht gegen die Ashuradämonen, die im Gottesdienst mit kleinen Flaggen nachgestellt wird, ist geschlagen. Nun verehrt man die Göttin mit einem großen Licht mit 64 Dochten, als Zeichen für ihre 64 Erscheinungsweisen und ihren Sieg über das Übel.

Dashami, der zehnte Tag, der »Tag des Sieges«, bringt den Abschied. In kleinen und großen Umzügen, auf Lastwagen die großen Statuen, in der Hand oder etwa auf dem Gepäckträger des Fahrrades die kleineren, geleiten die Menschen Durga zum Fluss oder zum nächstgelegenen Teich. Unter Jubelrufen versenkt man die Statue im Wasser.

Eine Darstellung der Göttin Durga, die nach dem Sieg über den Büffeldämon auf dem Löwen reitet

Die großen Feste im Leben eines Hindu, einer Hindu

Geburt und erster Haarschnitt

Nagen erzählt:

Als meine Mutter mit meinem kleinen Bruder Ranesh schwanger war, veranstalteten die Verwandten allerlei Bräuche. Dadurch wollte man das Baby und die Mutter vor bösen Einflüssen schützen. Alle wünschten, dass es Mutter und Kind gut geht.

Als meine Mutter schon einen ziemlich dicken Bauch hatte, besuchten uns alle Frauen aus der Verwandtschaft. Tante Rukshana hat meine Mutter mit einem Brei aus Reis und Ingwer bestrichen und ihr ein Band um das Handgelenk gebunden. Das sollte meine Mutter vor den bösen Geistern schützen.

Als Ranesh geboren wurde, haben wir uns alle riesig gefreut. Er hatte schon viele schwarze Haare und sah sehr niedlich aus. Eine Mutter, die ein Baby bekommen hat, darf in den ersten Tagen nur von Frauen besucht werden. Am sechsten Tag findet eine sehr wichtige Feier statt. Eine Frau malt Mutter und Baby dann einen Fleck aus gelbem Ingwer auf die Stirn und verspricht, alle Sorgen des Kindes zu übernehmen. Sie ist so etwas wie bei den Christen eine Patentante.

Am elften oder zwölften Tag nach der Geburt bekommt das Baby seinen Namen. Wenn die Haare zum ersten Mal geschnitten werden, kommen ein Friseur aus der untersten Kaste und ein Priester. Der Haarschnitt symbolisiert, dass das Kind ohne Last aus früheren Geburten durch das Leben gehen darf.

Die Übergabe der heiligen Schnur

Ganz wichtig ist es für Jungen der drei oberen Kasten, wenn sie die heilige Schnur bekommen. Das geschieht mit elf Jahren. Brahmanenkinder bekommen sie schon früher, die anderen später. Die Feier dauert drei Tage. Dann ist ein Junge kein Kind mehr und isst zum letzten Mal zusammen mit seiner Mutter. Ab dann ist er nur noch mit seinem Vater zusammen und liest die Heiligen Schriften. Ein Guru unterrichtet ihn in den alten Texten.

Mit dem Empfang der heiligen Schnur ist ein Junge kein Kind mehr.

Hindu-Hochzeit

Unsere Hochzeiten finden meistens unter einem Baldachin oder in einem Zelt statt. Alle sitzen im Schneidersitz um ein Feuer. Der Priester leitet die Feier und spricht Mantras – das sind heilige Wörter –, welche die Brautleute nachsprechen. Dann nimmt der Vater der Braut die Hände der beiden über einem Krug zusammen und umwickelt sie mit einer Blütengirlande und einem roten Tuch. Dann segnet er sie mit Gangeswasser und bittet um göttlichen Beistand. Damit die Ehe gelingt, ruft er den Namen des Gottes Ganesha, der Hindernisse beseitigt, und anschließend den Namen des Gottes der Liebe Kama.

Dann knoten die Frauen den Sari der Braut mit einem Ende des Schultertuches des Mannes zusammen. Das ist sehr wichtig. Wenn jemand in Indien heiratet, heißt es: Er oder sie wird den Knoten knüpfen.

Anschließend hängen sich die Brautleute gegenseitig große Blütenketten um. Als Höhepunkt der Zeremonie umschreitet das Brautpaar sieben Mal das heilige Feuer. Schließlich tupft der Mann seiner Frau geweihte rote Farbe als Segenszeichen auf den Scheitel und die Stirn. Das bedeutet, dass sie von nun an verheiratet ist.

Großmutter Kaukar erzählt:

Der Tod ist für uns Hindus ein Neubeginn. Denn er bedeutet nicht das Ende, sondern den Übergang zu einem neuen Leben. Wir glauben an den Kreislauf des Lebens. Nach dem Tod wird die Seele, auch Atman genannt, in einem anderen Lebewesen wiedergeboren. In welcher Gestalt man wiedergeboren wird, als Mensch, Tier oder Pflanze, hängt von den Taten des Menschen ab. Es ist wichtig, als Mensch wiedergeboren zu werden. Denn nur ein Mensch kann sich aus dem Kreislauf der Wiedergeburt befreien und Erlösung (Moksha) erlangen. Um Moksha zu erreichen, kennen wir vier Wege: Den Weg des Wissens, den Weg der selbstlosen Tat, den Weg der Gottesliebe und den Weg der Meditation.

Wie wir unseren Glauben leben

Unsere Lebensordnung heißt Dharma

Wir sollen nach dem Dharma leben. Das ist ein altes indisches Wort und bedeutet Ordnung. Es ist ein Gesetz, das alles im Leben regelt. Es gibt aber nicht für jeden die gleichen Vorschriften.

Hindus leben in Kasten

Lal erklärt:

Jeder Mensch wird in einen bestimmten Stand (varna) hineingeboren. Der oberste Stand, die »Brahmanen«, lehren und studieren hauptsächlich. Der zweite Stand, die »Kshatriyas«, zu dem meine Familie gehört, sollen die anderen beschützen. Die »Vaishyas« sollen sich um Handel und Landwirtschaft kümmern. Die »Shudras« schließlich sind dazu da, die anderen zu bedienen. Alles hat bei uns also seine Ordnung, und jeder hat seinen Platz.

Außerdem gibt es Tausende von Jatis (gesprochen: Dschatis), ein Begriff, der mit »Kasten« übersetzt wird. In welcher Jati man sich befindet, hängt mit den Taten des früheren Lebens zusammen.

Offiziell sind die Kasten heute jedoch verboten, weil alle Menschen die gleichen Chancen im Leben haben sollen. Doch so einfach lässt sich das nicht durchsetzen. Die schmutzigen Arbeiten werden bei uns meistens von den Kastenlosen gemacht. Das sind die Menschen, die man nicht berühren darf. Sie heißen auch »Unberührbare«. Wenn ein Hindu ihnen die Hand gibt oder ihnen sonst zu nahe kommt, muss er sich hinterher gründlich reinigen. Der große Reformer *Mahatma (»große Seele«) Gandhi* hat sich besonders um diese Menschen gekümmert. Er hat sie »Kinder Gottes« genannt. Heute ist diese Bezeichnung oft in Vergessenheit geraten. Die Betroffenen nennen sich selbst »Dalits«, das heißt »gebrochen«, »zerknickt«. Ich finde es gemein, wie diese Menschen behandelt werden.

Silvia Rabe erzählt:

Meine Freundin Desna hat in einer Mail geschrieben, dass schon in der Geburtsurkunde vermerkt wird, zu welcher Kaste jemand gehört. Das hat enormen Einfluss darauf, welche Jobs, Studienplätze oder staatliche Unterstützung jemand bekommen kann. Jetzt hat eine Anwältin vor Gericht erreicht, dass in einem Dokument offiziell festgestellt wird, das sie keiner Kaste angehört: Das ist eine Revolution.

Ein wichtiges Gebet im Hinduismus: An die Göttin Morgenröte

In Majestät aufstrahlt die Morgenröte,
weiß glänzend wie der Wasser Silberwogen.
Sie macht die Pfade schön und leicht zu wandeln
und ist so mild und gut und reich an Gaben.

Ja, du bist gut, du leuchtest weit, zum Himmel
sind deines Lichtes Strahlen aufgeflogen.
Du schmückest dich und prangst mit deinem Busen
und strahlst voll Hoheit, Göttin Morgenröte.

Die Vögel haben sich bereits erhoben
und auch die Männer, die beim Frühlicht speisen.
Doch bringst du auch dem Sterblichen viel Schönes,
der dich daheim ehrt, Göttin Morgenröte!

Fünf wichtige Gebote des Hinduismus

1. Ahimsa (nicht töten / verletzen)
2. Wahrheit
3. Nicht stehlen
4. Sauberkeit
5. Sinneskontrolle

»Sechs innere Feinde« müssen nach Auffassung der Hindus auf dem Weg der wahren Tugenden besiegt werden:

1. Übertriebene Sinneslust
2. Zorn
3. Hochmut
4. Gier
5. Innere Verwirrung und Ohnmacht
6. Feindschaft

Großmutter Kaukar erzählt:

Seit mein Mann gestorben ist, lebe ich in der Familie meines Sohnes. Das entspricht unserer Tradition. Denn Achtung vor dem Alter ist eine wichtige Grundregel unserer Religion. Ich bin mein ganzes Leben lang den Tugenden unseres Dharma gefolgt: den Göttern opfern, das Alter achten und die Kinder umsorgen, alle Lebewesen schützen, gastfreundlich sein. Wer so lebt, dem bringt das gutes Karma. Dafür wird man in diesem Leben und nach dem Tod durch eine bessere Wiedergeburt entlohnt.

Hindus bei ihrem rituellen Bad im heiligen Fluss Ganges

Das Bad im Ganges

Adith berichtet:

Meine Familie, das sind: Eltern, Geschwister, Großvater, Großmutter, zwei Onkel und zwei Tanten. Ich bin vor Kurzem mit meiner Familie zu unserer heiligsten Stadt Varanasi gefahren. Und zwar auf einem Pilgerboot. Wir Hindus wollen wenigstens einmal in unserem Leben nach Varanasi im Norden Indiens, um im heiligen Fluss Ganges, unserer »Mutter Ganga«, zu baden. Viele möchten hier später sterben; denn von hier aus ist der Weg zu den Göttern besonders einfach. Drei Tage sind wir in Varanasi geblieben. Wir haben im Fluss gebadet und den Göttern geopfert. Das Schönste aber waren die Lichterschiffchen, die wir auf dem Fluss schwimmen ließen.

Die Verehrung der Kuh

Asha erklärt:

Wir verehren die Kuh. Eigentlich wollen wir alle Tiere und Pflanzen gut behandeln, weil sie unseren Schutz brauchen. Aber die Kuh ist für uns besonders wichtig. Krishna hat lange als Kuhhirte gelebt. Die Kuh ist sehr nützlich für uns Menschen. Wir brauchen ihre Milch und Butter als Nahrung, ja sogar ihren Mist als Brennmaterial. Alles, was von der Kuh kommt, ist für uns heilig. Aber nur die in den Tempeln gehaltenen Kühe werden auch als heilig verehrt. Die anderen müssen arbeiten. In den Städten gibt es viele Kühe, die abgemagert sind, weil sie nicht genug zu fressen finden. Wir würden aber nie eine Kuh töten und ihr Fleisch essen. Das wäre für uns Sünde.

Wir feiern sogar eine richtige Kuh-Andacht. Dazu bauen wir im Freien einen Altar auf und schmücken ihn mit Blättern. Die Priester lesen Texte in der heiligen Sanskrit-Sprache vor, und es brennen Öllämpchen. Die schönste Kuh der Umgebung wird stellvertretend für die anderen Kühe an den Altar gebracht. Der Priester betupft sie mit geweihtem rotem Pulver zwischen den Hörnern. Anschließend wird das

gesamte Hinterteil bestreut, bis die ganze Kuh rot aussieht. Dann betupfen sich die Menschen die Stirn mit dem Pulver, das übrig geblieben ist.

Pujas gibt es bei uns zu vielen Gelegenheiten. Wir haben zu Hause keinen eigenen Puja-Raum wie die reicheren Hindus, sondern eine Puja-Ecke. Jeden Tag beten meine Eltern und wir Kinder dort. Wir sitzen vor dem Bild Vishnus, zünden Räucherstäbchen an und sprechen Gebete. Wir schenken Gott auch Blumen und Speisen.

Frau Kaukar hat gerade das Götterbild von Shiva und Parvati am Hausaltar gebadet, gekleidet, geschmückt und gesalbt. Nachdem sie die Sandelholzpaste gereicht und Weihrauch und Räucherstäbchen angezündet hat, schwenkt sie vor dem Götterbild eine Butterlampe und läutet dabei eine kleine Handglocke. Eine Butterlampe ist eine Lampe, bei der das Lampenöl durch flüssige Butter ersetzt wird.

Lal berichtet:

Ich bin ein großer Fan von indischen Filmen und indischer Filmmusik. Die Sängerin Lata Mangeshkar war eine der erfolgreichsten Sängerinnen der Welt und unangefochtene Königin Bollywoods. 2001 erhielt sie den Bharat Ratna, die höchste indische Auszeichnung, die unter anderen die indische Premierministerin Indira Gandhi und Mutter Teresa erhalten haben. Auch

Asha Bosle, Lata Mangeshkars Schwester, finde ich toll. Sie ist ein großer Bollywoodstar und hat in knapp 1000 Bollywoodfilmen mitgewirkt.

Sanjukta erklärt:

Ich spiele die Tabla. Das ist ein Instrument, das den indischen Tanz begleitet.

Für viele indische Mädchen ist es wichtig, wenigstens die Grundlagen des klassischen Tanzes zu erlernen. Der Tanz dient als Sprache, um den religiösen Inhalt zu vermitteln. Dabei besitzen die kleinste Bewegung und der kleinste Gesichtsausdruck eine sinnbildliche Bedeutung. Durch Gesten, Mimik und rhythmische Bewegung erzählt die Tänzerin Geschichten aus der hinduistischen Überlieferung und wird dabei von einem klassischen Musikensemble begleitet.

Kalbelia-Tanzgruppe aus Rajasthan (Indien)

Wie wir mit anderen zusammenleben

Wie wir den Armen helfen

Ranesh berichtet:

Swami Vivekananda (1863-1902)

Viele Menschen bei uns setzen sich für die Armen ein. Schon Swami Vivekananda (ein Swami ist ein Hindu-Gelehrter), der 1863 bis 1902 lebte, wohnte eine Zeitlang in den Elendsvierteln Indiens und war geschockt. Er sagte: »Jene Armen seien euer Gott. Nur den allein nenne ich Mahatma [große Seele], dessen Herz für die Armen blutet. Aber solange Millionen in Hunger und Unwissenheit leben, gilt jeder Mensch als Verräter, der, auf ihre Kosten ausgebildet, sich nicht um sie kümmert.« Vivekananda setzte sich dafür ein, das Los dieser Menschen zu verbessern. Er gründete eine Klosteranlage, in der er sich tatkräftig für soziale Reformen, Verbesserung des Erziehungswesens und Katastrophenhilfe einsetzte. Er gründete Schulen, Kranken- und Waisenhäuser. In seinem Orden gab es keine Religions- und Kastenunterschiede. 1997 wurde die Organisation mit dem Gandhi-Friedenspreis der indischen Regierung ausgezeichnet.

Frau Patel fährt fort:

Eigentlich sind die Kasten ja abgeschafft. Aber die Menschen glauben noch an die Unterschiede. Besonders schwer haben es die Dalits, die früher Kastenlose genannt wurden. Auch Jahrzehnte nach der offiziellen Abschaffung des indischen Kastenwesens gelten sie für die höheren Kasten noch immer als »unberührbar«. Auch wenn inzwischen Dalits in höchste staatliche Positionen aufsteigen können, werden sie immer noch unterdrückt.

So ließ vor wenigen Jahren der neue oberste Richter Indiens, ein Angehöriger der Kaste der Brahmanen, das Büro ausräuchern, das er von seinem Dalit-Vorgänger übernommen hatte. Vor einiger Zeit hinderten Kastenhindus in einem Dorf in Tamil Nadu ihre Dalit-Nachbarn gewaltsam an der Nutzung des einzigen Wassertanks im Dorf. Aber es gibt auch viele, die solche Ungerechtigkeiten kritisieren.

Was unser Glaube mit Sport zu tun hat

Herr Kaukar erklärt:

Körperliche Ertüchtigung, Spiel und Leibesübungen haben im Hinduismus Tradition. Sie dienen der Gesunderhaltung des Körpers und dem Zweck, diesen auch für geistige Ziele kontrollieren zu können. Solche Aktivitäten erfüllen auch die Aufgabe, Mut und Schnelligkeit zu entwickeln. Ich bin Langstreckenläufer. Mein Vorbild ist Sri Chinmoy.

Sri Chinmoy gründete Marathon-Teams, die jedes Jahr weltweit hunderte von Sport- und Laufveranstaltungen anbieten. Er ist ebenfalls Gründer des alle zwei Jahre stattfindenden internationalen Sri Chinmoy

Oneness-Home Peace Runs, eines weltweiten Fackellaufs, der die Freundschaft und Verbundenheit unter den Menschen fördern will.

Statue des Affengottes Hanuman

Adith erklärt:

Später möchte ich vielleicht zu den Nagas gehen. Ausgebildet werden diese Krieger-Asketen in sogenannten Akharas (»Ringerstätten«). In diesen religiösen Zentren kann man Sport machen und auch Askese und Meditation üben.

In jeder Ringerstätte ist ein kleiner Schrein des Gottes und Ringers Hanuman aufgebaut. Hanuman half im Ramayana-Epos Rama, seine treue Ehefrau Sita aus der Hand des Dämonenkönigs Ravana zu befreien. Für viele Sportbegeisterte ist Hanuman daher ein großartiges Vorbild. Beim Muskeltraining werden häufig Keulen oder ein Keulenpaar mit dem Bild Hanumans verwendet. Man glaubt, dass dies magische Auswirkungen hat und die eigene Muskelkraft vergrößert.

Lal erzählt:

Einer der berühmtesten Ringkämpfer Indiens wurde in einem Akhara ausgebildet und nannte sich nach seinem mythischen Vorbild Guru Hanuman. Achtmal gewann er die höchste indische Sportauszeichnung, den Arjuna-Preis. Die Bezeichnung dieses Preises ist religiösen Ursprungs: Arjuna ist der große Held des Mahabharata-Epos, Sohn des Himmelsgottes Indra und der Königin Kanti sowie ein exzellenter Bogenschütze. Von Shiva persönlich erhielt er den magischen Bogen Gandhiva.

Nagen berichtet:

Ich spiele total gern Kricket. Das ist in Indien so wichtig wie in anderen Ländern Fußball. 2011 hat Indiens Cricket-Nationalteam mit dem Sieg über Sri Lanka nach fast 28 Jahren wieder den Weltmeistertitel gewonnen. Nach Spielschluss strömten in der Hauptstadt Neu-Delhi und in zahlreichen anderen Orten des Landes hunderttausende Menschen auf die Straßen und feierten den Triumph mit Feuerwerken und Hupkonzerten. Auch wir in Deutschland haben bis in die Nacht gefeiert.

Unsere Religion will den Frieden, aber ...

Mohandas Karamchand Gandhi (1869-1948)

Asha, Lal, Ranesh und Christina treffen sich vor dem Kino, in dem ein Film über Mahatma Gandhi gezeigt wird. Mohandas Karamchand Gandhi war ein berühmter indischer Rechtsanwalt und Politiker, der sich für die Befreiung seines Landes von der britischen Kolonialherrschaft einsetzte. Dieses Ziel erreichte er ohne Waffengewalt.

Christina begeistert sich:

Cool, wie Gandhi eine Weltmacht wie England mit gewaltlosem zivilem Ungehorsam besiegt und die Unabhängigkeit Indiens erreicht hat. Gandhi und seine Anhänger marschieren zu Fuß 385 Kilometer zum Arabischen Meer, um dort demonstrativ Salz zu gewinnen. Damit wollen sie die Inder mobilisieren und zu zivilem Ungehorsam gegen die Kolonialverwaltung aufrufen, denn nur die britische Kolonialmacht durfte Salz erzeugen.

Adith erklärt:

Ziviler Ungehorsam ist nicht ganz richtig. Gandhis Begriff Satyagraha bedeutet »Festigkeit in der Wahrheit«. Man leidet gewaltlos für eine gute Sache, weil man überzeugt ist, das Richtige zu tun. Wahrheit (satya) schließt Liebe ein, und Festigkeit (agraha) vermittelt die Idee der Kraft. Die Kraft entsteht auch dadurch, dass man Askese übt, zum Beispiel fastet. So wird Satyagraha zu einer Form des zivilen Ungehorsams, die Gewalt ausschließt.

Satyagraha steht in enger Verbindung zu Ahimsa, dem Prinzip des Nicht-Verletzens jedes Lebewesens.

Ranesh ergänzt:

Dieser Marsch war ein wichtiger Schritt zur Unabhängigkeit Indiens. Mehrfach hat Gandhi die Inder zur »Nichtzusammenarbeit« mit den Engländern aufgerufen: Die Menschen kauften keine britischen Waren, besuchten keine britischen Schulen, wandten sich nicht an britische Gerichtshöfe. Gandhi erkannte richtig, dass England auf Dauer ein so großes Land wie Indien nicht beherrschen kann, wenn die Bewohner die Zusammenarbeit verweigern.

Lal gibt zu bedenken:

Gandhi hat gesagt: »Wer gewaltfrei handelt, muss bei sich selbst anfangen. Eine gewaltfreie Aktion ist für den Gegner vor allem dann überzeugend, wenn man zwar die Möglichkeit hat, Gewalt anzuwenden, aber darauf verzichtet. Gewaltfreiheit ist der Gewalt ausnahmslos überlegen. Wer auf Gewalt verzichtet, besitzt mehr Macht, als wenn er Gewalt anwenden würde. Für Gewaltfreiheit gibt es keine Niederlage.« Trotz seines Einsatzes für Gewaltlosigkeit wird Gandhi später selbst ein Opfer von Gewalt. Im Jahre 1948 wurde er von einem Hindu-Fanatiker ermordet.

Asha ist skeptisch:

Leider gibt es in Indien nicht nur Menschen, die wie Gandhi für Gewaltlosigkeit sind. Die Fundamentalisten bekämpfen alle Nichthindus und wollen sie aus dem Land vertreiben oder mit Gewalt bekehren.

Spuren des Hinduismus in unserer Gesellschaft

Suhas Patel stellt fest:

Der Hinduismus ist zwar in Indien entstanden. Aber auch in Deutschland findet man Spuren unserer Religion.

Nandita Kaukar berichtet:

Viele Menschen hier im Westen besuchen inzwischen Yoga-Kurse. Es gibt sogar Baby-Yoga. Aber eigentlich ist Yoga ein hinduistischer Weg, um mit Hilfe von Meditation Erleuchtung zu erlangen.

Asha Patel ergänzt:

Bei der Yoga-Meditation entwickelte man auch körperliche Übungen, damit der Meditierende längere Zeit im Lotossitz verweilen kann. Später erkannte man, dass diese Übungen eine positive Wirkung auf das gesamte Wohlbefinden haben. Das ist für die Menschen hier in Deutschland besonders wichtig. Die meisten wollen durch Yoga keine Erleuchtung erlangen, sondern sich entspannen und wohlfühlen.

Draupadi Patel erzählt:

Viele Menschen, die unter Krankheiten, Stress und Leistungsdruck leiden, machen Kuren im Einklang mit unserer ayurvedischen Medizin. Sie finden es gut, dass diese indische Naturheilkunde Körper, Geist und Seele als Einheit betrachtet. Ayurveda-Ratschläge gibt es zur Ernährung, dem Lebensstil und zur Vorbeugung gegen Krankheiten. Eine wichtige Rolle spielen dabei Yoga, Atemarbeit und Meditation.

Rajan Kaukar erinnert sich:

In zehn deutschen Städten gibt es mittlerweile Hindu-Tempel. Die sind viel bunter als Kirchen. Auch unser wichtiges Fest Durga-Puja wird inzwischen in deutschen Städten gefeiert. Daran nehmen auch viele Menschen teil, die keine Hindus sind. Im Zentrum steht das friedliche Miteinander von Menschen mit unterschiedlichen religiösen und kulturellen Hintergründen.

Der Sri-Kamadchi-Ampal-Tempel in Hamm-Uentrop ist im nordindischen Stil errichtet und zweitgrößter Tempel in Europa

Buddhismus

Die Vielfalt des Buddhismus

Weltweit gibt es 500 Millionen Buddhisten. Der Buddhismus teilt sich in drei Hauptströmungen: Theravada-Buddhismus, Mahayana-Buddhismus und Vajrayana-Buddhismus, der ein Teil des Mahayana darstellt. Theravada bedeutet »Lehre der Ältesten des Ordens« und meint die älteste und konservativste Ausprägung des Buddhismus, wie er heute in Sri Lanka, Thailand, Myanmar, Laos und Kambodscha vertreten ist.

Mahayana bedeutet »großes Fahrzeug« und beschreibt den nördlichen Buddhismus, der in Nepal, China, Korea, in Teilen Tibets, der Mongolei und Japan verbreitet ist. Hier gibt es die Vorstellung von Bodhisattvas. Ein Bodhisattva, dessen Name sich aus »bodhi« (Erleuchtung bzw. Erwachung) und »sattva« (Wesen) zusammensetzt, verkörpert Mitgefühl, Weisheit, Großzügigkeit, Geduld und Mut. Er hat auf seinem spirituellen Weg bereits große Fortschritte gemacht. Doch aus tiefem Mitgefühl für alle Lebewesen verzichtet er bewusst auf das endgültige Erlangen der Buddhaschaft. Er strebt das »nicht verweilende Nirwana« an: Er verweilt nicht dauerhaft im Nirwana, sondern kann sich weiterhin zum Wohle aller fühlenden Wesen einsetzen. Das altindische Wort Nirwana bedeutet »Nicht-Wehen«. Es ist ein Ort des Friedens und der Ruhe. Viele Buddhisten streben danach, an einem Ort wiedergeboren zu werden, an dem sie ihre Mitwesen bestmöglich unterstützen können. Ihr höchstes Ziel ist jedoch, den Kreislauf der Wiedergeburt vollständig zu überwinden und das Parinirwana (»endgültiges Nirwana«) zu erreichen – einen Zustand frei von Leid. Der Weg dorthin führt über den edlen achtfachen Pfad, der ihnen Orientierung gibt, sowohl für ein ethisches Leben als auch für ein tiefgehendes Verständnis von Buddhas Lehre.

Der japanische Zen-Buddhismus hat sich aus dem Mahayana entwickelt.

Vajrayana bedeutet »Diamantfahrzeug« und ist der Name des Buddhismus, wie er in Tibet vertreten ist. Der tibetische Buddhismus ist eine besondere Form des Mahayana-Buddhismus. Er entstand etwa im 5. oder 6. Jahrhundert unserer Zeitrechnung in Indien und wurde im 8. Jahrhundert in Tibet eingeführt. Auch in der Mongolei, in Nepal und Bhutan wird er praktiziert. Bedeutendster Vertreter des tibetischen Buddhismus ist der XIV. Dalai Lama. Dies ist ein Titel und bedeutet »Lehrer, dessen Weisheit so groß wie der Ozean ist«. Mit bürgerlichem Namen heißt er Tenzin Gyatso (geb. 1935). Er war das weltliche Oberhaupt von Tibet. Beim Einmarsch der Chinesen floh er aus seiner Heimat. In Nordindien gründete er eine Exilregierung, die aber nicht international anerkannt wird.

Heute wird der Dalai Lama als Weisheitslehrer, Friedenskämpfer und Sprecher der gesamten buddhistischen Welt betrachtet. Neben anderen hohen Auszeichnungen empfing er 1989 den Friedensnobelpreis.

Ungefähr 260.000 bis 300.000 Menschen in Deutschland bekennen sich heute zum Buddhismus: hauptsächlich Vietnamesen, Thailänder, Japaner, Tibeter sowie etwa 30.000 Deutsche. Genaue Zahlen gibt es nicht. In einem Dachverband, der »Deutschen Buddhistischen Union«, sind viele buddhistische Gemeinschaften organisiert.

Es gibt auch säkulare Buddhisten und Buddhistinnen. Sie sind davon überzeugt, dass jeder Buddhas Weg verwirklichen kann, egal ob er Mönch, Nonne oder Laie ist.

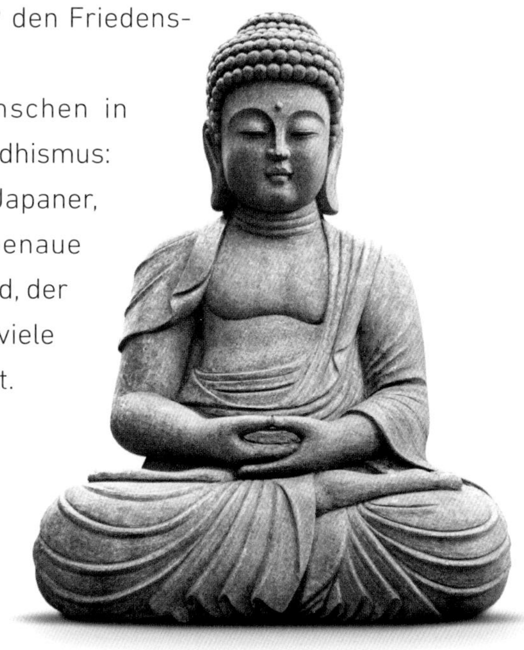

SCHAU DIR DAS WOHNHAUS AUF DER WIMMELSEITE GENAU AN:

Im Erdgeschoss links wohnen Upali und Nilanthe Ariyaradne mit ihren Kindern Sugath und Kanthi. Familie Ariyaradne kommt ursprünglich aus Sri Lanka und gehört zum Theravada-Buddhismus.

Entdecke Familie Ariyaradne auf der Wimmelseite:

Upali Ariyaradne trägt eine Aktentasche und ist auf dem Weg zur Arbeit. Nilanthe Ariyaradne steht am Fenster. Sugath Ariyaradne liest in einem Buddha-Comic. Kanthi Ariyaradne steht vor einem Vogelkäfig.

Im Erdgeschoss rechts wohnen Fukito und Araka Suzuki mit ihren Kindern Akira und Hina. Die Suzukis praktizieren den japanischen Zen-Buddhismus.

Entdecke Familie Suzuki auf der Wimmelseite:

Araka Suzuki bereitet die Tee-Zeremonie vor. Fukito Suzuki fährt mit dem Fahrrad zur Arbeit. Hina Suzuki steht mit einer Blume in der Hand am Fenster. Akira Suzuki ist auf dem Weg zum Kendo.

Im ersten Stock wohnen Chorda und Nyama Tsering mit ihren Kindern Dolma und Tashi. Die Tserings gehören zum tibetischen Buddhismus.

Entdecke Familie Tsering auf der Wimmelseite:

Chorda Tsering hat eine Mantra-Trommel in der Hand. Daneben flattern Gebetsfahnen im Wind. Auf den kleinen bunten Flaggen sind Segenswünsche geschrieben, die sich mit dem Wind in die Welt verbreiten sollen. Nyama Tsering erzählt einem Mädchen vom Dalai Lama. Dolma Tsering telefoniert mit dem Smartphone. Tashi steht vor einem Brunnen.

Bian Nguyen im gelben Kleid kommt aus Vietnam. Sie ist eine säkulare Buddhistin. Bian Nguyen begleitet ihren Sohn, der einen Unfall hatte und an Krücken geht. Ralf Neumann ist deutscher Buddhist. Er legt gerade eine Münze in die Almosenschale des Mönchs.

Entdecke Bian Nguyen und Ralf Neumann auf dem Wimmelbild.

Heilige Orte

Lumbini – Siddhartas Geburtsort

Lumbini, der Geburtsort Siddharta Gautamas, des späteren Buddha, liegt im heutigen Nepal. Lumbini wurde 1896 von Archäologen entdeckt. Der interessanteste Fund ist eine steinerne Gedenksäule, die Kaiser Ashoka (268-232 v. Chr.) hatte bauen lassen. Der erst 1933/34 errichtete Maya-Tempel erinnert an die Mutter Buddhas. Auf einem Steinrelief aus dem 5. Jahrhundert sieht man Maya, die sich an einem Ast festhält, während das Kind aus ihrer Hüfte heraustritt.

Uruvela – Siddhartas Askese

In Kapilavatthu verbrachte Siddharta seine Kindheit, Jugend und frühe Mannesjahre. Noch heute besuchen Pilger den Platz in Uruvela, wo Siddharta Gautama sich niederließ, um strenge Askese zu üben.

Bodhgaya – der Ort der Erleuchtung

Siddharta Gautama verließ die Stätte der Askese in Uruvela und begab sich in das unweit davon gelegene Bodhgaya. Als Siddharta dort unter einem Baum saß, meditierte er und gelangte zu den Vier Edlen Wahrheiten. Durch diese Erkenntnis wurde aus Siddharta Gautama ein Buddha, ein »Erwachter«. Am Ort der Erwachung befindet sich heute der Mahabodhi (»großes Erwachen«)-Tempel. Der etwa 55 Meter hohe Tempel hat im Erdgeschoss einen Schreinraum, in dem sich ein vergoldeter Buddha befindet, der die Pilgernden zur Andacht einlädt.

Zentrum der Verehrung ist nicht das Gebäude oder eine Statue, sondern der Bodhi-Baum, kurz Bo-Baum genannt, an der hinteren, westlichen Seite des Tempels, der »Baum der Erwachung«. Es handelt sich um ein Exemplar des indischen Pippal-Baumes. Der Baum wurde jedoch in den rund 2500 Jahren seit Buddhas Erwachung mehrfach ersetzt. Kaiser Ashoka ließ dem gerade zum Buddhismus übergetretenen König von Lanka, dem heutigen Sri Lanka, einen Ableger des Baumes überbringen. Aus diesem erwuchs ein riesiger Baum. Von den Besuchern wird er als »ältester Baum der Welt« verehrt. Samen und Ableger wurden wiederum verwendet, um den Baum in Bodhgaya zu ersetzen. In Theravada-Klöstern findet man meist einen oder mehrere Bo-Bäume.

Der Mahabodhi-Tempel in Bodhgaya, der zwischen dem ersten und dritten Jahrhundert n. Chr. erbaut wurde.

Sarnath – Buddhas Lehre

Das etwa acht Kilometer nördlich von Varanasi gelegene Sarnath zählt zu den wichtigsten buddhistischen Pilgerzentren der Welt und ist der Ort, wo Buddha zum ersten Mal öffentlich seine Lehre verkündete.

Heilige Gebäude

Überall in der buddhistischen Welt sind die Klöster wichtige religiöse Zentren. Stupas oder Pagoden gehören zu jedem buddhistischen Kloster, können aber auch allein stehen. Der massive Bau hat im Inneren einen Hohlraum mit einer eingemauerten Reliquie. Ursprünglich waren das Haare, Zähne oder Knochenreste des Buddha, später auch anderer bedeutender Lehrer. Man kann die Pagoden nicht betreten, sondern man umschreitet sie dreimal im Uhrzeigersinn, die Handflächen aneinandergelegt, um Buddha und seiner Lehre Respekt zu erweisen.

In der Haupthalle sind große Buddhastatuen aufgestellt, vor denen die Mönche und Gläubigen Blumen und Speisen niederlegen und Räucherstäbchen anzünden. Die bemalten Innenwände zeigen Szenen aus dem Leben des Buddha und der Geschichte der buddhistischen Religion. Außerdem dient die Halle als Versammlungsort, wo die Mönche meditieren und ihre Andachten abhalten und neue Mönche in ihre Gemeinschaft aufnehmen.

In jeder Klosteranlage wächst ein Bodhi-Baum, der von den Frommen verehrt wird. Man verehrt diese Bäume dadurch, dass man Gefäße mit Wasser über ihren Wurzeln ausleert, sodass die Bäume auch in trockenen Perioden nicht verkümmern.

Jedes buddhistische Dorf, jeder Stadtteil hat seinen Tempel mit Bildern von Göttern und dem Buddha. Tempel wurden auch dort errichtet, wohin Buddhisten pilgern.

Woran wir glauben

Sugath erzählt:

Ich komme aus Sri Lanka. Viele Menschen sind dort Buddhisten. Wir haben keinen Gott, so wie David, Anna und Ayshe. Unser großes Vorbild ist der *Buddha*. Das ist ein Ehrenname. Er bedeutet »der Erwachte«. Buddha hat den *Dhamma*, die Lehre, verkündet. Alle, die seine Lehre befolgen, gehören zum *Sangha*, zur Gemeinschaft der Buddhisten.

Das Leben Siddharta Gautama Buddhas

Dolma berichtet:

Mein Vater hat mir oft die Lebensgeschichte Buddhas erzählt.

Buddha lebte vor ungefähr 2500 Jahren im heutigen Nepal. Das liegt nördlich von Indien. Eigentlich heißt er Siddharta Gautama und wird als Sohn eines indischen Kleinkönigs geboren, der zum Shakya-Stamm gehört. Für uns Buddhisten beginnt Buddhas Leben nicht erst mit seiner Geburt.

Schon vorher geschehen nämlich Wunder. Vor seiner Geburt als Mensch lebt der zukünftige Buddha im Tushita-Himmel. Er beschließt, in Gestalt eines weißen Elefanten auf die Erde hinabzusteigen. Der Elefant ist in Indien ein Sinnbild für Würde und Weisheit.

»Es ist Frühling, die schönste der Jahreszeiten. Die Bäume stehen in reichem Blätterschmuck, die herrlichsten Blüten zieren sie in Überfülle. Da lässt sich der Herr der Welten nach genauer Prüfung zur richtigen Zeit aus dem Tushita-Himmel herab. Klar und bei vollem Bewusstsein geht er als junger weißer Elefant mit sechs Stoßzähnen zur rechten Seite in den Leib seiner Mutter Maya ein, als diese gerade Fastentage hält. Derweilen schläft sie beseligt auf ihrem Lager ein und träumt, dass sie noch nie zuvor so etwas Schönes gesehen und gehört, nie eine ähnliche Freude empfunden habe.«

Der weise Asita

Siddhartas Vater ist überglücklich, als ihm Diener die Geburt seines ersten Sohnes melden. Er geht zu seiner Frau Maya und schaut sich das Kind an. Die weisen Brahmanen-Priester kommen herbei. Sie sagen voraus, dass der Neugeborene ein großer König sein wird, der über ein Friedensreich bis zur Weltmeergrenze herrschen wird. Als die Brahmanen dies geweissagt haben, betritt der alte ehrwürdige Asita den Palast. Er nimmt das Kind in seine Arme und spricht:

*»Ein Buddha wird er sein,
ein Erwachter.
Er wird das Rad des Gesetzes drehen.
Eine neue Lehre wird er
in Umlauf bringen.
Das Reich der Wahrheit wird
er begründen,
den Menschen zu
Heil und Freuden.«*

Asita wird jedoch sehr traurig und weint, weil er nicht mehr leben wird, wenn Siddharta Gautama zum Buddha geworden ist.

Die vier Ausfahrten des Buddha

Siddhartas Vater lässt seinen Sohn sorgenfrei und im Luxus aufwachsen. Nur die angenehmen Dinge des Lebens will er ihm zeigen. Vor allem Übel will er ihn bewahren. Mit 16 Jahren heiratet Siddharta Gautama. Mit 29 wird er Vater eines Sohnes.

Doch dann passiert es: Eines Tages unternimmt Siddharta Gautama drei Ausfahrten mit der Kutsche. Dabei begegnen ihnen folgende Gestalten: ein völlig abgemagerter Greis, ein Schwerkranker, und sie sehen einen Leichnam. Siddharta fragt, ob nur diese Personen alt, krank oder tot seien. Sein Kutscher aber antwortet: Niemand kann vor Alter, Krankheit und Tod fliehen. Dann begegnet ihnen auf der vierten Ausfahrt ein Bettelmönch. Siddharta ist von seinem einfachen und würdevollen Auftreten sehr beeindruckt. Er begreift:

Dieser Bettelmönch ist freundlich zu jedermann und hasst niemanden.
Dieser Bettelmönch denkt an sein eigenes Heil und an das Heil der anderen.

Buddha begegnet bei seinen Ausfahrten Krankheit und Tod.

Buddha wird Bettelmönch

Da fasst Siddharta einen Entschluss. Er rasiert sich Bart und Haupthaar. Das war damals bei heiligen Männern üblich. Dann zieht er die gelben Asketengewänder an, verlässt seine Familie und beginnt, in die Fremde zu wandern. Er geht nacheinander in die Schule zweier Gurus. So nennt man bis heute unsere weisen Lehrer. Weil sie ihm auf seinem Weg nicht weiterhelfen können, verlässt er sie und lebt streng asketisch. Er merkt aber, dass übertriebenes Fasten nicht gut ist. Deshalb isst und trinkt er wieder, aber alles in Maßen.

Unsere heilige Nacht

Frau Ariyaradne berichtet:

Wir Buddhisten haben auch eine heilige Nacht. Sie ist aber ganz anders als die der Christen. In einer Vollmondnacht des Frühlingsmonats Wesak nämlich setzte sich Buddha unter einen Feigenbaum und versetzte sich in tiefe Versenkung, so dass er von allen Gedanken und Gefühlen völlig frei war. Plötzlich begriff er: Unser ganzes Leben ist Leiden. Alle Menschen leiden darunter, dass sie immer mehr haben wollen, immer reicher werden und angenehmer leben wollen. Dass sie oft nicht die Wahrheit sagen und über andere Menschen schlecht reden. Dass sie Tiere töten und ihr Fleisch essen. Siddharta Gautama hat einen Weg gefunden, der mit diesem Leiden Schluss macht. Er hat verstanden: Wir müssen unbedingt mit der Gewalt aufhören. Wir müssen alle überflüssigen Wünsche aufgeben. Von da an ist aus Siddharta Gautama ein Buddha, ein »Erwachter«, geworden.

Nirwana

Herr Ariyaradne erklärt:

Buddhisten haben ein großes Ziel. Wir wollen irgendwann ins Nirwana gelangen. Es ist die Befreiung von allem Leid und von der endlosen Wiedergeburt. Nirwana ist ein Zustand des Glücks, der Vollkommenheit und der Ruhe. Nirwana bedeutet verlöschen, nicht mehr wehen. Dabei denken Buddhisten an eine Kerze, deren flackerndes Licht unser Leben versinnbildlicht. Wenn die Kerze keine Nahrung mehr erhält, erlischt sie. Das Licht verschwindet zwar nicht, aber es verwandelt sich in einen anderen Zustand.

Um in das Nirwana zu gelangen, müssen wir den »edlen achtfachen Pfad« beschreiten. Der sagt uns, wie wir uns im Leben richtig verhalten und Buddhas Lehre richtig erkennen können. Ein wichtiger Teil des Pfades sind die fünf »Sila-Gebote«: Wir wollen nicht töten, stehlen, lügen, unkeusch sein und keine Drogen nehmen. Die Mönche müssen noch fünf weitere Gebote streng einhalten. Wer Nirwana in seinem Leben erreicht hat, geht nach dem Tode in das Parinirwana ein, das »endgültige Nirwana«.

Unsere heiligen Schriften

Frau Ariyaradne erzählt:

Die Heilige Schrift des Theravada-Buddhismus ist der Palikanon. Er wird auch *Tripitaka* (»Dreikorb«) genannt, weil die auf Palmblättern geschriebenen Texte in »drei« (Tri) großen »Körben« (Pitaka) gesammelt wurden. Es gibt einen Korb der Ordensregeln, einen der Lehrreden und einen Korb mit der philosophischen Auslegung der Lehre. Das buddhistische Tripitaka ist weder Wort Gottes noch enthält es göttliches Wort. Es handelt sich um das »Wort Buddhas«. Der Mahayana-Buddhismus kennt noch weitere heilige Schriften: »Die ausführlichen Erzählungen vom Spiel des Buddha«, eine Beschreibung des Lebens Buddhas, »Der Lotos der guten Lehre«, »Das Buch von der vollkommenen Weisheit«, »Beschreibung des Landes der Seligkeit«, und »Summe der Lehre«.

Mit diesen Druckstöcken aus Holz wurde traditionell das Tripitaka gedruckt

Unsere großen Gemeinschaftsfeste

Wesak

Kanthi informiert:

Unsere Feste werden nicht nach dem Sonnenkalender, sondern nach dem Mondkalender gefeiert. Daher kommt es, dass die Feste jedes Jahr an anderen Tagen des westlichen Sonnenkalenders liegen. Buddhistische Feste fallen immer auf »Uposatha-Tage«. Das heißt »Fasten«. Doch nicht an allen Uposatha-Tagen muss man fasten. Diese Tage liegen immer an Vollmond, Neumond und am 1., 8., 15. und 23. eines Monats.

Im Mai feiern wir ein Fest, das wohl einmalig auf der ganzen Welt ist. Es heißt Wesak-Fest, weil es im Monat Wesak gefeiert wird. Wir feiern es aus drei Gründen: erstens, weil Buddha geboren wurde, zweitens, weil er in der heiligen Nacht das Wissen bekommen hat, und drittens, weil er nach seinem Tod in das Parinirwana (»endgültiges Nirwana«) eingegangen ist. Zu Wesak verschicken wir immer schöne Postkarten an unsere Verwandten, Freundinnen und Freunde und Bekannten, und wir beschenken einander reich. Meine Eltern laden an diesem Tag Pilgernde, die auf Wanderschaft sind, zum Essen ein. Ihr solltet einmal sehen, wie herrlich die Straßen in Sri Lanka dann geschmückt sind. Überall flattern bunte Fahnen und leuchten Laternen. Wohin man schaut, strahlen Kerzen und Lampen. An den Straßen hängen große Poster, auf denen wichtige Geschichten aus dem Leben des Buddha abgebildet sind.

Wesak feiern wir oft mit Freunden und Freundinnen aus der Nachbarschaft. Letztes Jahr haben wir Familie Rosenbaum und Familie Karimi eingeladen.

Poson

In Sri Lanka wird am Vollmond im Juni das Poson-Fest gefeiert. Es erinnert daran, wie vor über 2000 Jahren der Buddhismus auf diese Insel kam.

Beim Esala Perahera-Fest wird der Zahn Buddhas durch die bunt geschmückten Straßen getragen.

Esala Perahera

Kanthi ergänzt:

Am 15. Tag unseres sechsten Monats findet das große Esala Perahera-Fest statt. Es erinnert daran, wie Siddharta aus dem Palast seiner Eltern ausgezogen ist und wie er als Buddha seine erste Predigt gehalten hat.

An diesem Fest findet ein großer Umzug in Kandy statt, wo der Zahn Buddhas in einem sehr großen Behälter aufbewahrt wird. Am Esala Perahera wird dieser Zahn auf dem Rücken eines Elefanten durch die bunt geschmückten Straßen getragen.

Das Ende der Regenzeit

Das Ende der Regenzeit feiern wir auch. Ihr könnt euch kaum vorstellen, wie froh die Menschen in Sri Lanka und anderen Ländern sind, wenn nach drei Monaten der ständige Regen endlich aufhört! Wir schmücken dann unsere Häuser und denken daran, dass der Buddha vom Tushita-Himmel herabgekommen ist. Überall finden kleinere und größere Feiern statt, bei denen wir unseren Mönchen aus den Klöstern neue Gewänder schenken. Die Mönche färben ihre Roben dann gelb oder rötlich ein.

Die großen Feste im Leben eines Buddhisten, einer Buddhistin

Eintritt in das Kloster

Sugath erzählt:

Jeder buddhistische Junge geht einmal für eine gewisse Zeit ins Kloster, weil er wie Buddha sein will. Jeder bleibt dort mindestens drei Monate, also so lange, wie die Regenzeit dauert. In unseren Zeitungen kann man lesen, wer gerade ins Kloster eintritt. Die Familien gehen vorher zu einem Sterndeuter. Er soll den besten Zeitpunkt dazu herausfinden. Der Kindermönch verschickt Karten an Freunde und Bekannte. Wochenlang vorher übt er die jeweiligen Pali-Texte, die er bei der Einweihungsfeier vorlesen muss. Mein Freund Upali bekam die Haare geschnitten und zog ein weißes Gewand an. Andere Mönche haben einen riesigen goldfarbenen Schirm über ihm ausgebreitet. Seine Eltern trugen die acht Gegenstände, die ein Mönch braucht: eine Schale für die Almosen, drei Gewänder, einen Gürtel, ein Rasiermesser, eine Nadel und einen Wasserfilter. Denn das Wasser bei uns ist nicht überall zum Trinken geeignet. Wenn die Zeremonie vorbei ist, darf Upali das gelbe Gewand anziehen. Dann gehört er zum Kloster.

Bian Nguyen kritisiert:

Ich finde, dass das Leben im Kloster zu idealistisch dargestellt wird. Man muss nicht Mönch oder Nonne sein, um Buddhas Weg zu verwirklichen. Die Zeit im Kloster kann auch für die Jungen schwierig sein. Denn manchmal nutzen die Lehrer ihre Macht aus und manipulieren die Schüler. Weil die Mönche, also die Lehrer, als Vertreter Buddhas und unantastbar gelten, darf ihre Autorität darf nicht in Frage gestellt werden, selbst wenn sie einen Schüler ungerecht behandeln, sogar prügeln. Außerdem gibt es eine Ungleichheit zwischen Mönchs- und Nonnenklöstern. Nonnen haben viel weniger Rechte.

Hochzeit

Frau Ariyaradne erinnert sich:

Neulich hat meine Cousine uns eine DVD ihrer Hochzeitsfeier aus Thailand zugeschickt. Ein Mönch hat aus einer heiligen Schrift vorgelesen. In Thailand wird der Bräutigam in einer »Hochzeitshütte« mit den Worten begrüßt: »Unsere goldene Pforte ist geöffnet. Wenn du durch sie hindurchgehst, wirst du großes Glück und großen Reichtum des Herrn Buddha finden.« Der Brautvater sagt dann: »Heute wird mein Herz von Glück erfüllt. Durch unseren Sohn und unsere Tochter werden wir mit einer goldenen Kette zusammengefügt werden.« Braut und Bräutigam lassen sich symbolisch mit einer Blumengirlande miteinander verbinden. Die Mönche ergreifen ein mit einem Buddhabild verbundenes gelbes Band und bilden einen Kreis. Dann werden Weihwasser versprengt und Segenssprüche gesprochen.

Tod

Herr Ariyaradne erläutert:

Als meine Mutter starb, war ich sehr traurig. Aber ich wusste auch, dass mit ihrem Tod ein neues Leben beginnt. Denn wir Buddhisten glauben an die Wiedergeburt. Nach dem Tod verlässt der Geist des Verstorbenen seinen Körper und sucht sich einen neuen. Das kann ein Mensch oder ein Tier sein. Die Taten eines Menschen, sein Karma, haben Auswirkungen auf sein nächstes Leben. Es ist ein großer Trost, dass wir mehr als ein Leben haben, um ins Nirwana zu gelangen. Denn der Weg dorthin ist lang und schwer. Wir Theravada-Buddhisten müssen das allein schaffen. Der Mahayana-Buddhismus möchte möglichst viele Menschen zur Erwachung bzw. Erleuchtung bringen. Dabei hilft ihm ein Bodhisattva. Der hat das nicht verweilende Nirwana schon erreicht. Aber er verzichtet erst einmal auf sein Heil, um anderen den richtigen Weg zu zeigen.

Wie wir unseren Glauben leben

Kanthi erzählt:

An einer Zimmerwand haben wir ein Regalbrett angebracht. Darauf steht ein Bild von Gautama Buddha, vor dem wir Lotosblumen, Weihrauch und Kerzen opfern. Die Kerzen bestehen bei uns in Sri Lanka aus Kokosnussöl. Wenn wir uns dem Wandbrett nähern, ziehen wir unsere Schuhe aus und setzen uns auf die bereit liegenden Kissen auf dem Fußboden. Wenn uns die Mönche aus dem Kloster besuchen und die Puja, also die Andacht, leiten, dann sitzen sie auf Stühlen, also höher als wir. Bei der Puja sprechen wir dreimal hintereinander die Worte:

Ich nehme meine Zuflucht zu Buddha.
Ich nehme meine Zuflucht zur Lehre.
Ich nehme meine Zuflucht zur Gemeinde.

Wenn meine Eltern Blumen opfern, dann wissen sie, dass auch die schönsten Blüten einmal verwelken. Wenn sie die kleinen Kerzen anzünden, denken sie an Buddha, der das Licht der Welt ist. Auch der süße Weihrauchduft erinnert uns an Buddha. Während der Puja sprechen wir viele Gebete.

Die fünf Sila-Gebote

Dolma erzählt:

Unsere wichtigsten Gebote lauten:

1. Ich will keine Lebewesen töten.
2. Ich will nicht nehmen, was mir nicht gegeben wurde.
3. Ich will nichts Unsittliches tun.
4. Ich will nicht lügen.
5. Ich will keine Drogen nehmen.

Mönche müssen noch fünf weitere Gebote beachten:

1. Ich will nicht zu unerlaubter Zeit essen.
2. Ich will mich nicht an Tanz, Musik und Schauspiel erfreuen.
3. Ich will keinen Schmuck und wohlriechende Kosmetika benutzen.
4. Ich will nicht in einem hohen und breiten Bett schlafen.
5. Ich will kein Gold und Silber annehmen.

Metta, ein zentrales buddhistisches Gebot

Metta bezeichnet eine allumfassende liebevolle Freundlichkeit zu Menschen und Tieren, ja sogar zu Pflanzen. Es ist eine Haltung, durch die Güte entstehen und Hass besiegt werden soll. Dabei versucht man zunächst, liebevoll gegenüber Mensch und Tier zu sein, die einem nahe stehen. Schritt für Schritt ist man dann auch freundlich und liebevoll zu Menschen, die einem nichts bedeuten, ja sogar zu denen, die einem Böses zufügen. Metta gehört neben Mitleid, Mitfreude, Gleichmut zu den vier wichtigen Grundeinstellungen, die Buddhistinnen und Buddhisten einüben wollen.

Wie wir mit anderen zusammenleben

Wie wir den Armen helfen

Wir Buddhisten sollen ärmeren Menschen gegenüber Metta (Liebe, Freundlichkeit) und Karuna (Mitleid) zeigen. Auch unsere Mönche haben sich oft um Arme gekümmert. Heute engagiert sich besonders das »Internationale Netzwerk Engagierter Buddhisten« für die Bekämpfung von Armut.

Hina erklärt:

Ich lade Ruth demnächst zum Ikebanakurs ein. Denn sie liebt Blumen genau wie ich.

Was unser Glaube mit Sport zu tun hat

Sugath erzählt:

Dass ich gern Fußball spiele, hat auch mit meiner Religion zu tun. Durch den Sport lassen sich nämlich wichtige buddhistische Eigenschaften verstärken, zum Beispiel die Konzentration als erste Stufe der Meditation. Wer sich gut konzentrieren kann, ist ein besserer Sportler. Der italienische Fußballspieler Roberto Baggio, einer der weltbesten Stürmer der 1990er Jahre, war überzeugter Buddhist. Übrigens: Das allgemein bestehende totale Fernsehverbot für buddhistische Mönche in Kambodscha wurde während der Fußballweltmeisterschaft 2006 aufgehoben. Viele Mönche sind nämlich total fußballbegeistert. Oft kicke ich auch mit meinen Freunden Ranesh und Martin.

Kanthi schwärmt:

Wenn ich beim Tennis richtig gut sein will, denke ich an den thailändischen Tennisspieler Paradorn Srichaphan, den seine Gegner »Buddhist bomber« nannten. Der sagte immer, dass er aufgrund seiner Religion gute sportliche Leistungen erbringen könne.

Hina berichtet:

Auch Karate, die Kunst der »leeren (kara) Hand (te)«, ist eine Sportart und eine religiöse Übung zugleich, bei der es darum geht, dass der Körper vom Geist regiert wird. Das in den 1920er Jahren entwickelte Aikido (»Weg der guten, harmonischen Kraft«) ist eine »Kampfkunst ohne Gewalt«. Sie versucht, den »Angreifer« im Geiste der Gerechtigkeit und Friedensbereitschaft abzuwehren.

Akira erzählt:

Ich mache Kendo, das bedeutet: »Weg des Schwertes«. Das ist die traditionelle japanische Technik des Schwertkampfes. Heute wird diese alte Kunst als eine Art Sport betrieben. Es gibt Vereine, in denen man das lernen kann. Dort kämpft man natürlich nicht mit echten Schwertern. Das wäre viel zu gefährlich. Man benutzt stattdessen Nachbildungen von Schwertern aus Bambus. Kendo ist ohne Zen-Meditation nicht denkbar. In der Zen-Meditation lernt man,

jeden Augenblick bewusst zu erleben, ohne sich von Gedanken und Absichten ablenken zu lassen.

Parviz möchte auch Kendo lernen. Ich nehme ihn demnächst mal mit.

Hina fügt hinzu:

Unser Vater ist dagegen, dass Akira später nach China geht, um Shaolin-Mönch zu werden. Er solle im Fernsehen nicht so viele Kung Fu-Filme schauen. Wenn er älter sei, würde er einsehen, dass das Leben kein Spiel ist. Dann wird Akira manchmal wütend. Aber ein Krieger muss seine Wut beherrschen!

Deshalb hat Akira ihm ganz ruhig geantwortet, dass die Shaolin-Mönche stets als große Weise und erleuchtete Heilige verehrt wurden. Sie kämpften nur, um die Schwachen gegen die Bösen zu verteidigen. Niemals um anzugreifen. Mitleid mit den Schwachen zu haben ist einer der Grundwerte des Buddhismus. Für einen Shaolin-Krieger ist der Kampf sein Weg zur Erleuchtung.

Unsere Religion will den Frieden, aber ...

Kanthi, Dolma und Tashi führen mit dem 2022 verstorbenen vietnamesischen Bhikkhu Thich Nhat Hanh ein Interview zum Thema »Krieg und Frieden im Buddhismus« für ihre Schülerzeitung. Ein Bhikkhu ist ein buddhistischer Mönch.

Kanthi ist skeptisch:

Der Buddha verkündete Feindesliebe und Glück und Frieden für jedermann. Stimmt es dann, dass buddhistische Länder weniger Kriege führen als andere?

Bhikkhu Thich Nhat Hanh erklärt:

Man muss da unterscheiden zwischen Mönchen und buddhistischen Laien. Laien sind Menschen, die ein normales Leben führen, also auch Soldaten werden können. Mönche und Nonnen haben strenge Verhaltensregeln, und eine davon ist die Gewaltlosigkeit.

Tashi fragt nach:

Aber gilt nicht auch für Laien das Ahimsa-Gebot, niemanden zu verletzen?

Bhikkhu Thich Nhat Hanh informiert:

Das stimmt. Niemand soll ein lebendes Wesen töten. Das bezieht sich nicht nur auf Menschen, sondern auf alle fühlenden Lebewesen. Eigentlich darf man nicht einmal nach einer Mücke schlagen, die einen stechen will.

Tashi lässt nicht locker:

Das weiß ich. Der Buddha hat gesagt: »*Selbst wenn da, ihr Mönche, Räuber und Mörder mit einer doppelt gezahnten Säge jemandem ein Glied nach dem anderen abtrennen würden, so würde jener, wenn sein Geist vor Wut erfüllt würde, eben deshalb kein Betätiger meiner Religion sein.*«
Aber in einem buddhistischen Land wie Myanmar setzt die Regierung sogar Kindersoldaten ein.

Bhikkhu Thich Nhat Hanh macht deutlich:

Wer so etwas tut, ist nicht vom Geist des Buddha erfüllt. Andererseits kommt man mit absoluter Gewaltlosigkeit bei der Lösung von Konflikten nicht weiter.

Angesichts des Streits zwischen buddhistischen Singhalesen und hinduistischen Tamilen auf Sri Lanka sind manche Buddhisten zu dem Schluss gekommen, dass man manchmal zur Verteidigung des Buddhismus töten muss, damit die buddhistische Gemeinschaft weiter bestehen kann.

Dolma ergänzt:

Es geht aber auch anders. Samdhong Rinpoche, der zum Ministerpräsident der tibetischen Exilregierung gewählt wurde, veröffentlichte ein Programm zur Befreiung Tibets durch aktive Gewaltlosigkeit.

Bhikkhu Thich Nhat Hanh veranschaulicht:

Der Dalai Lama selbst sagt, dass Gewaltlosigkeit im Moment der einzige Weg ist. Er sagt aber auch, dass es Situationen geben kann, in denen es nötig ist, Gewalt anzuwenden. Wichtig ist der Grund. Warum tue ich das? Wenn ich Gewalt anwende aus Hass, aus Ärger, um anderen zu schaden, dann ist es schlecht. Wenn ich Gewalt anwende, um anderen Lebewesen zu helfen, dann kann ein Buddhist unter Umständen einwilligen.

Der Dalai Lama ist das geistige Oberhaupt der Tibeter. Er setzt sich sehr für den Frieden ein.

Allerdings sagt er im Fall von Tibet, das Mitte des 20. Jahrhunderts gewaltsam von China eingenommen wurde, ganz klar: »Wir haben überhaupt keine Chance gegen die Übermacht der Chinesen, das wäre reiner Selbstmord, wenn wir da Gewalt anwendeten.«

Kanthi weist darauf hin:

In vielen buddhistischen Ländern gibt es Friedenszentren, in denen Friedfertigkeit und Gewaltlosigkeit richtig trainiert werden. Eines davon ist das »Karuna Zentrum für Friedensarbeit«. Der Buddha hat gesagt: *»Nicht soll unser Geist erregt werden, kein böses Wort wollen wir ausstoßen, freundlich und mitleidsvoll wollen wir bleiben, gütig gesinnt, ohne Hass im Innern, und diesen Menschen wollen wir mit gütigem Geiste durchdringen, und von ihm ausgehend wollen wir die ganze weite Welt mit gütigem Geiste durchdringen, mit schrankenlosem, weitem, unermesslichem, frei von Feindseligkeit und Übelwollen. So also, ihr Mönche, müsst ihr euch üben.«* (Aus dem Pali-Kanon)

Spuren des Buddhismus in unserem Land

Kung Fu mit Kindern

Frau Suzuki stellt fest:

Obwohl der Buddhismus in Asien entstanden ist, hat er auch das Leben in Europa beeinflusst.

Hina Suzuki erzählt:

Ich liebe Blumen. Neulich habe ich an einem Ikebana-Kurs teilgenommen. Solche Kurse werden inzwischen auch in Deutschland häufig angeboten. Ikebana ist eine Kunst des Anordnens von Zweigen, Blumen und Gräsern und stammt aus dem chinesischen Buddhismus. Dort stellten Priester in den Tempeln Blüten und Knospen des Lotos auf. Diese heilige Pflanze steht für die Reinheit des Buddha.

Akira Suzuki erklärt:

Einige Jugendliche gucken bei uns gerne Kung Fu-Filme oder verkleiden sich zu Karneval als Samurai. Viele wissen nicht, wer diese Samurais wirklich waren oder was Kung Fu ist. Kung Fu bedeutet: »Etwas durch harte und geduldige Arbeit Erreichtes«. So heißen nicht nur verschiedene Kampfkünste, die in buddhistischen Klöstern entstanden sind. Kung Fu ist auch eine Gesundheitsübung, Atemtechnik und Lebenseinstellung.

Fukito Suzuki berichtet:

Inzwischen bieten viele Sportvereine bei uns Kampfsportarten wie Judo, Kendo, Karate und Aikido an. Diese beziehen buddhistische Gedanken in ihre Kampftechniken ein: Atempraktiken und Bewusstsein für den eigenen Körper.

Hier treten zwei Jugendliche im Kendo gegeneinander an.

Nilanthe Ariyadne berichtet:

Bei uns spielt Meditation eine wichtige Rolle. Inzwischen besuchen viele Menschen in Deutschland von den buddhistischen Zentren angebotene Meditationskurse. Sie wollen in der Hektik des Alltags Zeiten der Ruhe finden, Achtsamkeit lernen, Gelassenheit und Frieden suchen.

Gemeinsame Probleme

Symbole vereinen und trennen

Viele Menschen bringen Reiseandenken, Fotos und Ansichtskarten mit nach Hause, wenn sie fremde Länder besuchen. Andere heben Konzertkarten ihrer Lieblingsgruppe auf oder sammeln Urkunden und Pokale ihrer sportlichen Erfolge. Sie alle wollen damit die Erinnerungen an schöne Erlebnisse festhalten. Jedes Erinnerungsstück hat für den Sammler eine besondere Bedeutung. Außenstehende können das schwer nachvollziehen, weil sie nicht dasselbe erlebt haben.

Die Anhänger der verschiedenen Religionen besitzen ebenfalls gemeinsame Erinnerungen an Ereignisse aus ihrer Geschichte oder an bestimmte Glaubensinhalte. Um sich diese immer wieder ins Gedächtnis zu rufen, verwenden sie Erkennungszeichen, sogenannte Symbole. Für Nichteingeweihte haben diese Symbole keine tiefere Bedeutung, während die Gläubigen das dahinter »Gemeinte« sehen. Manchmal haben die Anhänger einer Religion mit dem Symbol einer anderen Religion schlechte Erfahrungen gemacht, wurden etwa unter diesem Symbol unterdrückt. Ebenso können Symbole der einen Religion bei der anderen Angst oder sogar gewalttätige Ablehnung auslösen.

Die wichtigsten Symbole

Das wichtigste Symbol des Buddhismus ist das Rad der Lehre. Die einzelnen Speichen stehen für wichtige Aspekte auf dem Weg zum Heil.

Ein bedeutendes Erkennungszeichen des Hinduismus ist die Silbe Aum (Om). Dieses dreiteilige Symbol verdeutlicht die körperliche, die geistige und die unbewusste Welt.

Diese Symbole spielen in unserer Gesellschaft erst in neuerer Zeit eine Rolle.

Wesentlich enger mit unserer Geschichte verbunden sind die beiden Symbole des Judentums: der siebenarmige Leuchter, die Menora, und der sechszackige »Schild Davids«. Die Menora erinnert an die 40-jährige Wüstenwanderung des israelitischen Volkes. Bereits in der Antike gehörte sie zu den verbreitetsten jüdischen Symbolen. Seit 1949 ist die Menora das Wappen des Staates Israel.

Der »Schild Davids« ist ein wichtiges Symbol der jüdischen Nationalbewegung und findet sich seit 1948 auf der israelischen Flagge. Die Nationalsozialisten missbrauchten dieses Symbol, um jüdische Bürgerinnen und Bürger zu diskriminieren. Sie zwangen sie, den »Judenstern« auf ihre Kleidung zu nähen.

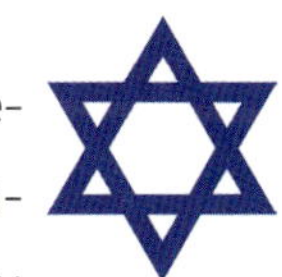

Die zentralen Symbole des Islam sind der arabische Schriftzug Allah (Gott) und die Sichel des Neumonds, die oft ungenau Halbmond genannt wird.

Streit um Symbole

Das Kreuz erinnert Christen daran, dass Jesus am Kreuz für uns alle gestorben ist. Es steht für Sterben und Tod Jesu, zugleich für seine Auferstehung. Heute ist vielen bewusst, dass Christen im Namen des Kreuzes Kriege geführt und Menschen verfolgt haben. Insbesondere Muslime und Juden wurden während der Kreuzzüge oder der gewaltsamen Rückeroberung Spaniens durch christliche Herrscher im Namen dieses Symbols misshandelt und getötet.

Heute stört es manche Eltern, wenn in Schulen ein Kreuz an der Wand angebracht ist. Dies verstößt nach ihrer Ansicht gegen das Recht auf Religions- und Glaubensfreiheit. Schließlich seien nicht alle Schülerinnen und Schüler Christen. Die Kritiker des Kreuzsymbols betonen, dass die religiöse

Erziehung nicht die Aufgabe der Schule, sondern der Eltern und Kirchen sei. Für das Kreuz im Klassenzimmer sprechen sich Eltern aus, die ihre Kinder mit christlichen Symbolen und Werten aufwachsen lassen wollen.

Die Sichel des Neumonds ist für Muslime ein wichtiges Sinnbild ihres geschichtlichen Erfolges. Sie befindet sich auf vielen staatlichen Flaggen islamischer Länder. Das Gegenstück zur Hilfsorganisation Rotes Kreuz ist in islamischen Ländern der Rote Halbmond. Die Mondsichel besitzt auch besondere religiöse Bedeutung, da viele Festtage nach dem Erscheinen des Neumondes berechnet werden. Andererseits war der Neumond viele Jahrhunderte ein Zeichen für die Eroberungen der Muslime, die von Angehörigen anderer Religionen, insbesondere den westlichen Christen, als Bedrohung empfunden wurden.

Der Koran fordert »anständige« Frauen dazu auf, sich außerhalb des Hauses züchtig zu kleiden und den Busen zu bedecken. Der Koran erwähnt in diesem Zusammenhang: einen Schal, der Kinn und Brust bedeckt, eine Art Mantel oder Überwurf und einen Kopfschleier.

Inzwischen gibt es in islamischen Ländern unterschiedliche für Frauen vorgeschriebene Kleidungsstücke, zum Beispiel den Gesichtsschleier in Saudi-Arabien, den Tschador in Iran und das türkische Kopftuch. Wenn jedoch Frauen im Haus unter sich sind, kleiden sie sich modisch und zwanglos.

Das Tragen des Kopftuches hat in einigen europäischen Ländern zu kontroversen Diskussionen geführt. Es gibt in Deutschland türkische Schülerinnen, die überzeugt mit Kopftuch in der Schule erscheinen, und andere, die dieses Kleidungsstück als nicht verpflichtend betrachten. Behörden neigen dazu, das Tragen von Kopftüchern nicht nur als Symbol des Islam, sondern als Sinnbild eines rückständigen Islam zu begreifen. Deshalb wurde einer Lehrerin das Tragen des Kopftuches in der Schule verboten. Inzwischen hat das höchste Gericht in Deutschland entschieden: Nur wenn das Kopftuch den

Schulfrieden stört, darf es von der Schule verboten werden. Andere argumentieren: Wenn das Kreuz und die jüdische Kopfbedeckung Kippa gestattet sind, darf man Kopftücher nicht verbieten.

Junge – Mädchen

Ruth erklärt:

Das Judentum geht davon aus, dass zwischen Mann und Frau eine harmonische Beziehung bestehen soll. Trotzdem haben sie unterschiedliche Aufgaben. Nur Frauen dürfen die Sabbatlichter anzünden. Ausschließlich jüdischen Männern ist es erlaubt, Schaufäden, Gebetsmantel und Gebetskapseln zu tragen. Ausgeschlossen waren Frauen früher vom Tora-Vorlesen in der Gemeinde der Männer. Auch wurden sie beim Minjan nicht dazu gezählt, der Gruppe von zehn Männern, welche die Mindestgemeinde bilden. Seit Beginn des 20. Jahrhunderts ist das anders. Seit dieser Zeit gibt es Tora- und Talmudstudien für Frauen.

Für orthodoxe Juden gilt die traditionelle Vorstellung vom Familienleben noch heute. Liberale Juden und wir konservativen Juden sehen das anders. Aber in orthodoxen Familien gelten weiterhin strenge Regeln.

Frau Rosenbaum berichtet:

In der Erziehung von Jungen und Mädchen unterscheiden sich liberale und orthodoxe Juden sehr. Ich habe in der Zeitung gelesen, dass liberale Jüdinnen in Israel sich im Bus absichtlich auf die vorderen Plätze gesetzt haben, auf denen nach Meinung der orthodoxen Juden nur Männer Platz nehmen dürfen. Damit wollten sie für Gleichberechtigung protestieren. Ich finde auch, dass die orthodoxen Männer uns Frauen nicht gleich behandeln und den Mädchen zu wenig erlauben.

Judith erzählt:

Das stimmt nicht ganz. Ich bin Cheerleaderin für unser Basketball-Team, obwohl ich orthodoxe Jüdin bin. Cheerleader sind normalerweise dafür bekannt, mit viel Sex-Appeal und wenig Kleidung aufzutreten. Deshalb mussten wir uns gegen viele Vorurteile durchsetzen. Unser Basketball-Team wird von zwölf Mädchen angefeuert, die bei ihren Auftritten auf tiefe Ausschnitte und aufreizende Posen verzichten. Wir treten in blauen Tunika-Tops und weißen Leggins auf. Trotzdem ist unsere Tanzeinlage richtig gut. Wir zeigen Spagate und Salti und viel Akrobatik.

Hatice erklärt:

Ich habe ähnliche Probleme, wenn ich schwimmen will. Der Islam hat überhaupt nichts gegen Schwimmunterricht für Mädchen. Aber es gehört sich nicht, dass die Jungen uns in knappen Badeanzügen sehen. Deshalb habe ich einen Badeanzug, der bis zu den Ellenbogen und Knien reicht. Ich trage auch ein Kopftuch, weil es sich so für ein muslimisches Mädchen gehört. Wenn meine Eltern mir viel verbieten, heißt das nicht, dass Mann und Frau im Islam nicht gleichberechtigt sind. Aber Frauen und Männer haben unterschiedliche Aufgaben in Familie und Gesellschaft.

Ayshe fährt fort:

Ich gehe ohne Kopftuch aus dem Haus. Nur wenn ich meine Großeltern besuche, trage ich es. Ich ärgere mich, dass viele Menschen denken, dass alle islamischen Frauen, die ihr Haar bedecken, rückständig oder fundamentalistisch sind. Es gibt viele Kopftuchträgerinnen, die gesellschaftlich kein bisschen zurückgezogen leben. Sie studieren, fahren Auto, arbeiten in Vereinen, treiben Sport. Meine Eltern und ich sind uns einig, dass ich auch ohne Kopfbedeckung eine anständige Muslimin bin. Übrigens möchte ich später Polizistin werden. So kann ich dabei helfen, das Gute zu gebieten und das Böse zu verbieten, wie es im Koran zur Pflicht gemacht wird.

Puran berichtet:

Ich trage keine islamische Kopfbedeckung. Meine Eltern haben Iran verlassen, weil wir nicht damit einverstanden waren, dass die Geistlichen dort den Islam so streng auslegen. Ich habe mir gestern das Comic »Persepolis« gekauft. Es erzählt die Geschichte von Marjane, die als Kind die islamische Revolution in Iran miterlebt. Da sie wie ich in einem freiheitlichen Elternhaus aufwächst, gerät sie in einen ständigen Konflikt zwischen der strengen islamischen Regierung mit ihrem Kopftuchzwang und ihrem Wunsch nach Jeans und westlicher Musik. Sie erlebt Verhaftungen und Demütigungen der Familie. Schließlich schicken die Eltern sie mit 14 Jahren ins Ausland. Ich wollte das Comic lesen, weil auch meine Familie aus politischen Gründen Iran verlassen hat. Genau wie Marjane habe ich auch manchmal Heimweh.

Sibil Korkmaz erklärt:

Bei uns Aleviten dürfen Männer und Frauen dasselbe, sind in jeder Hinsicht gleichberechtigt. Mädchen tragen keine Kopftücher, müssen auch keine anderen Regeln befolgen als die Jungen. Frauen können wie Männer frei in der Öffentlichkeit auftreten.

Anna wundert sich:

Ganz verstehe ich die Aufregung nicht. Viele Musliminnen sagen: Das Kopftuch drückt unseren persönlichen Glauben an Gott und unser Bekenntnis zum Islam aus. Ihren Glauben so zu leben, wie sie es für richtig halten, sei ein in der Verfassung garantiertes Recht. Ebenso sei es das Recht eines jeden Christen, als Zeichen der Zugehörigkeit zum Christentum ein Kreuz zu tragen.

Christina wendet ein:

Viele meinen, dass muslimische Mädchen das Kopftuch nur auf Druck der Eltern und nicht freiwillig tragen. Deshalb gab es viel Kritik, als eine muslimische Lehrerin einforderte, mit Kopftuch an einer deutschen Schule unterrichten zu dürfen. Wie Christen und Juden wollte sie als Muslimin das Recht haben, ihren Beruf im Einklang mit ihrem Glauben auszuüben. Die Kritiker bezweifelten aber, dass das Kopftuch nur Ausdruck des persönlichen Glaubens ist. Staatliche Schulen müssten neutral sein.

Sofia erklärt:

Früher durften Mädchen in christlichen Familien auch vieles nicht. In vielen griechisch-orthodoxen Familien achten die Eltern immer noch sehr auf den guten Ruf ihrer Mädchen. Abends ohne Begleitung wegzugehen ist für meine Cousine ein Problem. Das darf sie nur, wenn ihr Bruder mitkommt.

Asha erzählt:

Auch in der heutigen indischen Gesellschaft sind Frauen nicht gleichberechtigt mit den Männern. Frauen haben keine Chance, im nächsten Leben eine bessere Wiedergeburt (nämlich als Mann) zu erlangen; sie werden nur als Frauen wiedergeboren. Töchter machen den Eltern weniger Ehre, da nur ein Sohn die Bestattungsriten für die Eltern vollziehen kann. Bis zu ihrer Verheiratung gilt die Tochter nur als »Gast« im Haus ihrer Eltern. Sie wird von der Mutter erzogen und betreut ihre jüngeren Geschwister. Nach der Hochzeit muss sie es der Schwiegermutter recht machen. Selbst in höheren Schichten mit einer traditionellen hinduistischen Erziehung dürfen oft nur die Jungen auf eine bessere Schule gehen.

Nagen meint:

Das stimmt nicht ganz. Es gibt längst Kritik an diesen traditionellen Verhältnissen. Und lange schon vertreten manche Familien ein verändertes Frauenverständnis. Heute gibt es viele, die sich gegen männliche Machtansprüche wehren und Gleichberechtigung fordern.

In einer Ecke des Schulhofs

Anna kichert und fragt:

Wer von euch war denn schon einmal verliebt? Nun sagt schon! ... Also ich fand letztes Jahr im Urlaub einen Jungen mega cool. Ich habe ihn nur zweimal am Strand kurz gesehen. Aber er hat mich überhaupt nicht beachtet. Damals habe ich geheult. Jetzt lache ich drüber.

Puran lacht und antwortet:

Ich bin öfter verliebt. Im Moment finde ich einen Typen aus der Schule total süß.

Anna interessiert:

Wen? Sage jetzt bitte nicht Nico, oder Luca, Akira, Ranesh?

Puran wortkarg:

Verrate ich nicht!

Sofia hakt nach:

Erlauben denn deine Eltern, dass du dich mit Jungen triffst? Meine würden durchdrehen.

Puran selbstbewusst:

Die finden das normal. Die sind ja mit mir aus dem Iran weg, weil da alles verboten war, zum Beispiel auch, dass sich Mädchen und Jungen einfach treffen.

Ruth überlegt:

Seit ein paar Tagen geht mir eine Sache nicht aus dem Kopf. Eine Freundin hat mir anvertraut, dass sie sich verliebt hat. Aber ich musste ihr versprechen, mit niemandem darüber zu reden.

Anna mischt sich ein:

Dann solltest du uns auch nichts verraten. Aber es scheint dich zu beschäftigen.

Ruth verlegen:

Stimmt. (zögert) Also meine Freundin – ich sage aber nicht wer – hat sich in ein Mädchen verliebt.

Puran gesteht:

Wow. Ist mir noch nicht passiert. Aber so schlimm finde ich das nicht.

Sofia nachdenklich:

Ich schon. Unser Religionslehrer hat mal gesagt, dass nur die Liebe in der Ehe zwischen Mann und Frau richtig ist.

Puran bekräftigt:

Meine Eltern haben mir erklärt, dass es vorkommt, dass eine Frau eine andere Frau oder ein Mann einen anderen Mann liebt, aber dass solche Menschen es oft schwer haben und es viele Vorurteile gibt.

Sibil stellt fest:

Bei uns Aleviten werden alle Menschen als gleichwertige Seelen (Canlar) betrachtet. Wenn wir uns zu einer religiösen Feier versammeln, spielt es keine Rolle, ob jemand arm oder reich ist und auch nicht, ob jemand ein Mädchen oder einen Jungen liebt.

Ruth unsicher:

Und was sage ich meiner Freundin?

Anna zuversichtlich:

Dass du zu ihr hältst.

Dolma berichtet:

Früher waren die meisten Buddhisten und Buddhistinnen überzeugt, dass Männer und Frauen nur heiraten sollen, um Kinder zu bekommen. Aber heute meinen manche: Wenn man sich verliebt, ist das eine ganz starke seelische Verbindung. Wenn dann die Seele im nächsten Leben in einem anderen Körper mit einem anderen Geschlecht wiedergeboren wird, verliebt man sich vielleicht trotzdem wieder in diese Person. Dann wäre die Liebe zwischen zwei Frauen normal.

Sofia empört:

Unmöglich!!

Ayshe nachdenklich:

Ich finde das auch schwierig. Als Hussain, der Cousin meines Vaters, mit einem Mann zusammengezogen ist, gab es viele Diskussionen. Ich erinnere mich, dass Hussain nicht mehr zu Familienfesten eingeladen wurde. Großmutter hat geweint, auch weil Hussain ihr keine Enkel schenken wird.

Sanjukta informiert:

Die heiligen Schriften des Hinduismus verbieten solche Liebe nicht. Aber Menschen, die so fühlen, werden oft beschimpft.

Puran verständnisvoll:

Aber wenn sich zwei Menschen wirklich lieben, ist das ein Zeichen Gottes, ein Ausdruck seiner Liebe und Barmherzigkeit.

Zusammen leben und lernen

Integratives Wohnhaus, in dem behinderte und nichtbehinderte Menschen miteinander leben.

Frau Schneider informiert:

Die großen Religionen haben klare Regeln aufgestellt, wie das Zusammenleben innerhalb der Familie aussehen soll. Bereits im Kindesalter lernt jedes Familienmitglied, wie man aufeinander Rücksicht nimmt. Das gilt besonders, wenn einzelne Familienmitglieder besondere Fürsorge brauchen.

In diesem integrativen Wohnprojekt leben elf Menschen mit sogenannter geistiger und auch körperlicher Behinderung zwischen 18 und 59 Jahren mit sechs nichtbehinderten Menschen unter einem Dach. Das Konzept der Hausgemeinschaft ist auf Selbstständigkeit und Selbstbestimmung ausgelegt.

Viele Bewohnerinnen und Bewohner des Hauses nutzen die Freizeit- und Bildungsangebote: Sie können ins Schwimmbad oder zum Kegeln gehen oder einen Computerkurs machen. Dabei erhält jede/r individuelle Unterstützung. Beim Kochen zum Beispiel oder beim Einkaufen.

Anna berichtet:

Mein Bruder Thomas hat das Down-Syndrom. Er besucht einen integrativen Kindergarten, wo behinderte und nichtbehinderte Kinder zusammen leben und lernen. Ich mag das Wort behindert eigentlich nicht. Thomas fehlt nichts. Er hat nur ein Chromosom zu viel. Er ist nie unzufrieden und kann mich wunderbar trösten, wenn ich traurig bin. Er ist freundlich und versucht, jedem zu helfen. Er freut sich über kleine Geschenke genauso wie über große. Er tobt und spielt gern und kann wie ein Fisch schwimmen.

Frau Meyer erklärt:

Der biblische Gedanke, dass der Mensch nach Gottes Bild geschaffen ist, schließt Menschen mit Behinderungen nicht aus – im Gegenteil! Unser Leben ist nicht perfekt. Es gibt für keinen von uns ein Leben ohne Krankheit und ohne Einschränkungen. Als Thomas geboren wurde, war alles zunächst nicht leicht. Aber jetzt können wir uns ein Familienleben ohne ihn nicht mehr vorstellen. Er ist so ein liebenswerter Junge. Er zeigt uns oft, was wirklich wichtig im Leben ist.

David erzählt:

Man schätzt die Anzahl behinderter Menschen in den jüdischen Gemeinden in Deutschland auf rund 1.000. Es wäre nicht gut, wenn wir uns aus der Gemeinschaft zurückziehen würden. Unsere Gemeinde macht Angebote für Behinderte, zum Beispiel Sportangebote in Zusammenarbeit mit dem Makkabi-Verein. Dort trainiere ich oft. Wir Juden sind auch überzeugt, dass menschliches Leben immer in Gemeinschaft stattfindet. Deshalb möchte ich später einen Beruf erlernen und in einem integrativen Wohnprojekt leben. Da möchte ich ein ganz normales Leben mit Nichtbehinderten zusammen führen.

Frau Mahmud erzählt:

Ali ist blind. Er kann große Teile des Korans auswendig. Darauf ist er sehr stolz. Auch behinderte Kinder sind nach islamischer Auffassung ein Geschenk Gottes, das man nicht verstecken soll Um diese Kinder muss man sich besonders kümmern. Bereits im Koran werden die Muslime dazu aufgefordert, Menschen in ihre Gemeinschaft aufzunehmen, die aufgrund von Behinderung nicht für ihr eigenes Wohl sorgen können. Sie haben Anspruch auf die Unterstützung der Gesellschaft. In Sure 4,5 werden

Muslime dazu aufgefordert, Behinderte und Benachteiligte zu kleiden und mit freundlichen Worten zu ihnen zu sprechen.

Herr Kaukar berichtet:

In Indien gibt es viele behinderte Menschen, die Hilfe brauchen. Damit sie sich irgendwann selbstständig ernähren können, sollen diejenigen, die dazu in der Lage sind, ein Handwerk lernen. Ich sammle Spenden für die Gehörlosenschule in Thiruvalla. Mit dem Geld sollen zur Unterstützung der Berufsvorbereitung zehn Nähmaschinen sowie die zum Erlernen des Schneiderhandwerks erforderlichen Utensilien zur Verfügung gestellt werden. Außerdem soll das Gehalt einer Lehrerin davon bezahlt werden.

Bian Nguyen erzählt:

Der Buddhismus geht davon aus, dass man behinderten Menschen mit Freundlichkeit und Mitgefühl begegnen soll. Ich arbeitete an der der Linh Quang Tinh Xa-Pagode angegliederte Schule für behinderte Kinder und Jugendliche. An der Duc Son-Pagode in Hue gibt es ein von Nonnen geführtes Waisenhaus.

Tierschutz

David erklärt:

Eingang zum Tierheim in Gelsenkirchen

In der Bibel steht, dass Tiere eine Seele besitzen. Das Judentum verbietet, Tiere grausam zu behandeln. Es gibt viele Tierschutzbestimmungen in Bibel und Talmud.

Tiere dürfen nicht willkürlich getötet werden. Das Judentum verbietet auch, Tiere hungern zu lassen oder mit möglicherweise vergiftetem Wasser zu tränken. Tiere haben einen Anspruch auf Krankenpflege und Ruhe am Sabbat.

Judith berichtet:

Im Oktober 2010 verabschiedete die Knesset, das Parlament Israels, eines der weltweit fortschrittlichsten Gesetze zur Verhinderung unnötiger Tierquälerei. Dem Gesetz nach wird im ganzen Land der Verkauf von Kosmetikprodukten verboten, bei deren Herstellung Tierversuche gemacht wurden. Das Gesetz trat am 1. Januar 2013 in Kraft.

Peter erzählt:

Die »Aktion Kirche und Tiere e. V.« hat bewirkt, dass auf dem Ökumenischen Kirchentag 2003 die »Berliner Erklärung« verkündet wurde: Jedes Geschöpf hat »sein eigenes Lebensrecht«, haben sie gesagt. Tiere haben nicht Anspruch auf Mitleid, sondern auf Gerechtigkeit. Im August 2010 fand in Dortmund ein erster ökumenischer Kirchentag zum Thema »Mensch und Tier« statt. Die zentrale Botschaft lautete: »Wir bekennen als Christen, dass diese Erde nicht nur uns Menschen allein gehört, sondern dass wir sie mit den Tieren als unseren Mitgeschöpfen teilen. Sie haben eine eigene, von Gott verliehene Würde und als fühlende Wesen ein Recht auf Leben wie wir.«

Ayshe erklärt:

Der Islam gebietet, Menschen und Tiere als Gottes Schöpfung zu achten. Es gibt viele Überlieferungen über unseren Propheten Mohammed als Tierfreund. Im Koran steht: *»Kein Getier gibt's auf der Erde und keinen Vogel, der mit seinen Schwingen fliegt, die nicht wären Völker gleich euch«* (Sure 6,38). Schon im frühen Islam gab es Tierschutzbestimmungen. Die »Erste internationale Konferenz für islamische Medizin« (Kuwait 1981) sprach sich entschieden gegen grausame Tierversuche aus. Es gibt auch islamische Proteste gegen Massentierhaltung und Tiertransporte.

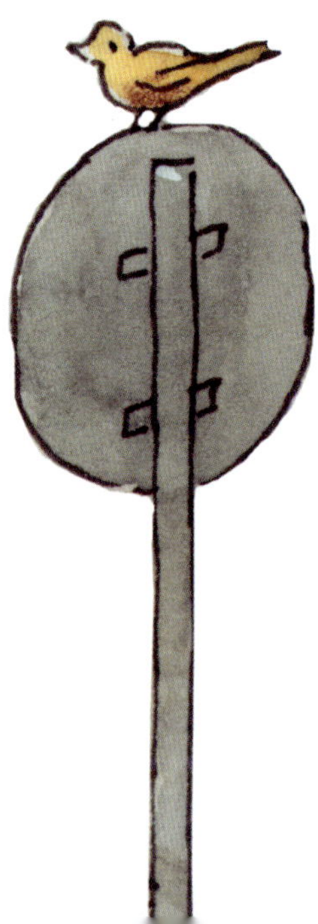

Kanthi berichtet:

Unser erstes Sila-Gebot lautet: »Ich will keine Lebewesen töten.« Das kann man noch so erweitern, dass wir Lebewesen überhaupt nicht schädigen oder verletzen sollen. Buddhistinnen und Buddhisten ist der Handel mit Waffen, lebenden Tieren, Fleisch, alkoholischen Getränken und Giften untersagt. Der Grundsatz, ein lebendes Wesen weder zu töten noch töten zu lassen beziehungsweise absichtlich zu verletzen, setzt voraus, dass bestimmte Berufe, wie zum Beispiel Schlachter, nicht ausgeübt werden.

Sugath ergänzt:

Haustiere sollten nur dann gehalten werden, wenn sie angemessen untergebracht werden. Unnötige Tierversuche – zum Beispiel für Kosmetika und Allerweltsmedikamente – sollen abgeschafft werden. Massentierhaltungen und Legebatterien, Operationen an Tieren zu Forschungszwecken und Schlachthöfe widersprechen dem vom Buddhismus vertretenen Prinzip des Nichtverletzens von Leben einschließlich der Nichtschädigung von Tieren.

Tashi fährt fort:

Für uns ist es religiös verdienstvoll, gefangene Tiere freizulassen. In Theravada-Ländern geschieht dies vor allem beim Wesak-Fest. Viele Buddhisten und Buddhistinnen leben vegetarisch. Die buddhistischen Tugenden Güte,

Freundschaft und Mitleid machen Fürsorge für alle Lebewesen selbstverständlich. Buddhistische Länder unterhalten zahlreiche Tierkrankenhäuser.

Akira erklärt:

In Österreich und Bayern entstand, ausgehend von einem buddhistischen Zen-Lehrer, eine Tierschutz-Initiative, in der sich die Menschen dafür einsetzten, Massentierfabriken abzuschaffen. Auch organisieren sie seit einigen Jahren sogenannte »Tierschutzpilgerfahrten« zu Tierfabriken, die besonders grausam mit den Tieren umgehen.

Ranesh erzählt:

Die Kuh nimmt im Hinduismus zwar eine Sonderstellung ein, doch das Ahimsa-Prinzip des »Nichtverletzens« wurde auch auf andere Tiere ausgedehnt. Selbst gefährliche Tiere (etwa Schlangen und Tiger) durften nach Meinung Gandhis nicht getötet werden. Der Mahatma sah in ihnen »Gottes Antwort auf die giftigen, boshaften und schlechten Gedanken, die wir in uns tragen«. Tierversuche lehnte Gandhi grundsätzlich ab.

Peter berichtet:

Franz von Assisi (1182-1226) sprach vom »Bruder Tier«. Er kaufte Fische, um »Schwester Schleie« in das Wasser zurückzusetzen, predigte den Vögeln und zähmte den reißenden Wolf von Gubbio. Tierfreundliche Geschichten von Heiligen und Mönchsvätern werden aus Irland überliefert, wo es sogar ein kleines Kloster extra für Tiere gegeben haben soll.

Vor knapp 200 Jahren gründeten der irische Parlamentsabgeordnete Richard Martin und der englische Jude Lewis Gompertz zusammen mit dem anglikanischen Pfarrer Arthur Broome eine »Gesellschaft zur Verhütung von Grausamkeiten gegen Tiere«, den ersten Tierschutzverein der Welt. Heute kritisieren die Kirchenvertreterinnen und Kirchenvertreter Massentierhaltung, unnötige Tierversuche, die Ausrottung gefährdeter Arten und die falsche Behandlung von Haustieren.

Theologinnen und Theologen bedauerten 1988 im »Glauberger Schuldbekenntnis« das Schweigen der Kirchen angesichts des Leidens von Tieren. In neuerer Zeit gibt es Tiergottesdienste, in denen die Versöhnung und Gemeinschaft mit dem Tier gefeiert werden.

Adith berichtet:

In Indien gibt es viele Tierheime. Neben den speziellen Tierkrankenhäusern und Reservaten für Kühe (Goshalas), die in Nord- und Westindien verbreitet sind, gibt es auch Tierheime für Vögel, Wildtiere und Insekten.

Die Umwelt geht uns alle an

Kaplan Rolf Müller betreut ein Umweltprojekt in der Schule. Die Schüler Hatice, Puran, Daniel, Ruth, Kanthi, Anna, Akira und Sanjukta diskutieren im Unterricht das Thema Umwelt.

Daniel informiert:

Wie andere Industrienationen auch hat Israel heute mit erheblicher Umweltbelastung zu kämpfen. Trotz der Umweltschutzgesetzgebung sind viele Flüsse und Teile der Mittelmeerküste verseucht. Auch die Abfallbeseitigung stellt ein großes Problem dar. Jüdische Organisationen sind im Umweltschutz weltweit engagiert.

Hatice ergänzt:

Gott ist der Schöpfer der Erde. Er hat sie für die Menschen geschaffen und lässt Getreide wachsen, Ölbäume, Palmen und Weinstöcke. Alles, was auf der Erde existiert, gehört Gott. Die Menschen sollen diese Güter verantwortungsvoll verwalten.

Wenn wir die Abläufe der Natur künstlich verändern, kann es zu Katastrophen kommen. Immer wieder verschmutzen Menschen die von Gott sauber erschaffene Luft. Heutige Flutkatastrophen ermahnen den Menschen, dass er unrechtmäßig mit der Natur umgegangen ist. Es ist auch oft die Schuld des Menschen, dass Stürme und Orkane große Zerstörung anrichten.

Deshalb mahnt uns der Koran: *»Und stiftet kein Unheil auf Erden, nachdem sie wohl geordnet ist!«* (Sure 7,56)

Kenan Korkmaz erläutert:

Meine Oma sagt immer, wie wichtig es ist, eine enge Verbindung zur Natur zu haben. In ihrer Heimat gab eine besondere Stelle am Fluss, den sie als heiligen Ort betrachtete. Immer wenn sie im Park spazieren geht, empfindet sie diese Nähe zur Natur besonders. Sie meint, dass wir jungen Leute das nicht mehr so fühlen. Aber ich mache an einem Umweltprojekt in der Schule mit, weil wir alle verantwortlich dafür sind.

Anna teilt mit:

Die beiden großen Kirchen setzen sich für die Umweltpolitik ein. Sie betonen, dass man die Schöpfung bewahren muss. Die Kirchen engagieren sich auch für einen umweltgerechten Lebensstil, Energiesparen zu Hause und in der Gesellschaft sowie für umweltgerechten Konsum.

Kanthi ergänzt:

Auch buddhistische Länder kennen Umweltprobleme wie Quecksilber- und Kadmiumverseuchungen, Sauerstoffmangel, das nach der Industrie- und Hafenstadt benannte, durch Luftverschmutzung hervorgerufene Yokkaichi-Asthma in Japan, Überschwemmungen in China, Bangladesch, Pakistan und Indien. Seit einiger Zeit gibt es im Buddhismus eine Umweltdiskussion. Es gibt auch Umweltschutzbewegungen in buddhistischen Ländern, wie zum Beispiel die der thailändischen »Umwelt-Mönche«.

Ruth erklärt:

Der Mensch nimmt unter den Lebewesen als Gottes höchstes Geschöpf, Ebenbild und Statthalter (1. Mose 1,27) den obersten Rang ein. Daraus folgt für ihn die Verpflichtung, die Natur zu bewahren.

Die Rabbinen sorgten sich bereits im Mittelalter um die Reinheit des Trinkwassers. So durfte man zum Beispiel in ihm keinerlei Waschungen vornehmen. Auch die Luftverschmutzung wurde früh als Problem erkannt. In regenarmen Zeiten durften Abwässer oder Müll nicht durch öffentliche Straßen transportiert werden. Wegen der Lärmbelästigung durfte in einem gemeinsamen Hof kein Laden eingerichtet werden. Umweltschädigungen galten als unerlaubte Handlungen.

Anna fügt hinzu:

Der Mensch ist Gottes Ebenbild und und hat von seinem Schöpfer das Recht bekommen, die Natur zu nutzen. Aber er soll sie auch hüten, sorgsam mit ihr umgehen und sie bewahren.

Puran ergänzt:

»Gott ist es, der euch vom Himmel Wasser hat herabkommen lassen. Davon gibt er euch zu trinken.« (Sure 16,10)

Ich habe mit meinen Eltern über die Trinkwasserversorgung gesprochen, über Wasser als Energiequelle und die Wasserknappheit in vielen Ländern. Meine Mutter hat gesagt: Wasser gehört als Gabe Gottes *allen* Menschen.

Hatice fügt hinzu:

Wir verdanken es Gott, dass wir das gewaltige Licht der Sonne als Energie nutzen können. Gott hat die Luft geschaffen. Dass Vögel mit ihren Schwingen nicht abstürzen, dass ein Windrad Energie spendet zum Wohl des Menschen: Das alles verdanken wir Gott. Ohne den Wind würden die Pflanzen nicht befruchtet. Gott schuf auch die Naturgesetze und gab uns die Fähigkeit, sie zu erkennen, so dass wir z.B. mit Flugzeugen fliegen können.

Akira führt fort:

Umwelt bedeutet: Menschen, Tiere, Pflanzen, Erde und Wasserressourcen. Der Mensch ist für die nichtmenschliche Umwelt verantwortlich, aber die einzelnen Bereiche der Umwelt sind nicht gleichwertig. Das Tier steht zum Beispiel über der Pflanze. Neben dem Recht auf Überleben steht das Recht auf die Würde des Menschen, der Tiere und der übrigen Umwelt. Ein wichtiger buddhistischer Grundsatz ist das Recht auf Besitz für einen selbst und für andere. Auf die Umwelt übertragen bedeutet das, dass der Einzelne mit Bodenschätzen, Wasser, Luft, Landwirtschaft und Industrie so umgeht, dass die Anrechte der anderen respektiert werden. Wichtig sind Verantwortung, Mitleiden und Güte.

Sanjukta teilt mit:

Naturschutz aus religiöser Überzeugung praktizierten im Hinduismus bereits im 15. Jahrhundert die am Rande der Wüste lebenden Bishnoi (»29« Gebote). Ihr Guru Maharaj Jambaji gebot, Bäume zu pflanzen und kein Lebewesen zu töten. Bishnoi fällen keine Bäume, töten keine Tiere, filtern ihr Kochwasser mit Tüchern, um keine Kleinlebewesen zu schädigen. Einen Teil ihrer Ernte geben sie der Natur zurück und stellen ihn den Tieren zur Verfügung.

Kanthi ergänzt:

1973 entstand im Himalaya in Indien die Chipko-Andolan-Bewegung: Holzfäller, die im Auftrag einer Sportartikelfirma Eschen fällen sollten, trafen auf den Widerstand protestierender Dorffrauen, die die schon markierten Bäume umarmten. Sie wussten genau, dass ihr eigenes Schicksal eng mit dem der Bäume verknüpft war. Ihre Devise: »Mache Frieden mit den Bergen und Flüssen, den Wäldern und Bäumen, den Vögeln und Tieren.« Die kleine Frauenbewegung entwickelte sich zu einem beachtlichen Netzwerk. Seit 1983 tritt die Appiko-(»Umarmen«) Bewegung auf, um durch Waldschutzmaßnahmen die »harmonische Beziehung zwischen Mensch und Natur« zu stärken.

Kaplan Müller weist auf ein kirchliches Dokument hin:

Im Mai 2015 veröffentlichte Papst Franziskus ein Lehrschreiben (Enzyklika). Es beginnt mit den Worten Laudato si (»Sei gelobt«). Das Vorbild dieser ersten Umweltenzyklika der Kirchengeschichte ist Franz von Assisi, dessen Namen der Papst angenommen hat. Er sorgt sich über »die Zukunft unseres Planeten« und kritisiert die Umweltverschmutzung und den Klimawandel. Papst Franziskus beklagt den Mangel an Rohstoffen, Boden und Luft, fordert den Zugang zu Trinkwasser für alle Menschen. Er kritisiert den Gedanken des Immer-mehr-haben-Wollens. Die Religionen und »alle Menschen guten Willens« sollen zusammenarbeiten, um aus der »Spirale der Selbstzerstörung« herauszukommen.

Frieden verwirklichen

Diskussion in der Stadthalle

Kaplan Müller gibt zu bedenken:

Versöhnung und Mitgefühl sind wichtige Werte aller Weltreligionen. Dennoch gibt es überall auf der Welt Konflikte und die Angehörigen der verschiedenen Religionen bekämpfen sich. Konflikte verschärfen sich oft sogar, wenn religiöse Argumente ins Spiel kommen.

Imam Özsinmaz kritisiert:

Gläubige können sehr empfindlich, ja aggressiv, reagieren, wenn sie sich bedroht fühlen und ihre religiöse Überzeugung in Frage gestellt wird. Einige Muslime fordern den Kampf gegen alle Ungläubigen, obwohl der Koran Gewalt in dieser Form nicht gutheißt.

Kaplan Müller belehrt:

Viele meinen, dass es sich bei diesen besonders gewaltbereiten Menschen um Fundamentalisten und Fundamentalistinnen handelt. In diesem Begriff steckt das lateinische Wort »fundamentum« im Sinne von Grundmauer, Grundlage. Typisch für Fundamentalismus ist der Glaube an die Unfehlbarkeit der heiligen Schriften und die Ablehnung der Ergebnisse moderner Naturwissenschaften.

Imam Özsinmaz stellt richtig:

Fundamentalismus ist ein christlicher Begriff. Deshalb bezeichnet man islamische Fundamentalisten meist als Islamisten. Der Islamismus möchte zum Koran als unverfälschter Glaubensquelle zurückkehren. Islamisten wollen eine islamische Gemeinschaft errichten, in der das islamische Recht alle Bereiche des menschlichen Lebens regelt. Scharf kritisiert wird der materialistische Westen.

Swami Janakananda tadelt:

Ziel des hinduistischen Fundamentalismus ist die »reine« Hindu-Nation, die von allem Fremden gereinigt worden ist. Andere Religionen wie Islam oder Christentum sollen durch Bekehrung ihrer Anhänger zum Hinduismus vernichtet werden.

Rabbinerin Bieler mahnt:

Jüdische Fundamentalisten und Fundamentalistinnen wollen Tora und Religionsgesetz (Halacha) für das gesamte jüdische Leben verbindlich machen. Ihr Ideal ist der auf dem Religionsgesetz gegründete jüdische Staat. Nicht alle wollen ihre Ziele mit Gewalt durchsetzen. Oft stehen sie aber in Verbindung mit terroristischen Aktivitäten. Fundamentalisten und Fundamentalistinnen aller Religionen verbindet eine Engstirnigkeit, wenig Bereitschaft, mit dem anderen zu reden, und eine Unfähigkeit, Probleme aus unterschiedlichen Blickwinkeln zu betrachten.

Bhikkhu Subhuti überlegt:

Was kann man tun, damit sich die Religionen stärker auf ihre Friedensbotschaft besinnen statt auf Gewaltargumente und fundamentalistische Standpunkte?

Imam Özsinmazn weist auf Gemeinsamkeiten hin:

Religionen definieren sich oft mehr über das, was sie trennt, als durch das, was sie vereint. Die Gläubigen wissen auch oft nur das, was bei den anderen anders ist. Doch viele Religionen eint die gemeinsame Überzeugung, dass Liebe, Mitleid und Selbstlosigkeit mächtiger sind als Egoismus, Hass und Feindschaft. So fühlen sich die Anhänger und Anhängerinnen aller Religionen verpflichtet, an der Seite der Armen und Bedrückten zu stehen.

Rabbinerin Bieler unterstützt ihn:

Religionen sollten gleichberechtigte Partner sein: Überall auf der Welt werden Konflikte dadurch geschürt, dass eine Mehrheit die Minderheit im Namen der Religion unterdrückt und die Religion auf diese Weise missbraucht. Wenn die Vertreter und Vertreterinnen der Religionen nicht gleichberechtigte Partner im Dialog sind, ziehen sie sich zwangsläufig in eine aggressive Verteidigungshaltung zurück. Wenn aber politische Voraussetzungen dafür geschaffen werden, dass Religionen einander als gleichberechtigte Partner begegnen, kann diese Angst und damit die Aggression abgebaut werden.

Bhikkhu Subhuti nachdenklich:

Religionen sollten ihren Wahrheitsanspruch nicht für andere verpflichtend machen. Nur weil für mich meine eigene Religion die beste ist, muss sie es nicht notwendig für die ganze Menschheit sein. Dann kann ich den anderen in seinem religiösen Glauben ernst nehmen und achten, ohne meine eigene Glaubensüberzeugung aufzugeben. Das bedeutet im besten Fall auch, die Vorbilder und Helden der anderen Tradition zu respektieren.

Rabbinerin Bieler schlägt vor:

Man sollte vermeiden, die eigene Religion bzw. Kultur als »normal« hinzustellen, die andere dagegen als »unnormal«. Wenn Angehörige fremder Kulturen zu meinem Freundeskreis gehören, ist es einmal ein Gebot der Höflichkeit, mich für ihre Regeln des Zusammenlebens zu interessieren. Außerdem ist es hilfreich zu wissen: Was muss ich beachten, wenn ich ihre Wohnung betrete oder den Andachtsraum, eine Moschee oder Synagoge?

Pfarrerin Wiegend ergänzt:

Das Selbstbild, das Angehörige einer anderen Religion von sich haben, und das Fremdbild, das wir von dieser Religion haben, sind nicht dasselbe. Außerdem ist das Verhalten fremder Menschen nicht immer nur religiös motiviert. Es gibt Gegensätze zwischen Jung und Alt, Mädchen und Jungen, Konservativen und Fortschrittlichen. Oft sind die Unterschiede innerhalb einer Religion, zum Beispiel zwischen konservativen und fortschrittlichen Gläubigen, viel größer als die zwischen verschiedenen Glaubensgemeinschaften. Darüber hinaus gibt es menschliche Gefühle, die Menschen aller Religionen und Kulturen teilen: sich freuen und lachen, unsicher und ängstlich sein, Kummer und Trauer empfinden.

Imam Özsinmaz kritisch:

Der Begriff Rasse sollte höchstens bei der Beschreibung von Tieren verwendet werden. Niemand hat das Recht, Menschen wegen Äußerlichkeiten wie Hautfarbe, Größe, Gesichtszüge aufzuteilen und unterschiedlich zu bewerten.

Flüchtlinge brauchen unsere Hilfe

Diskussionsrunde in der Aula, an der Schülerinnen und Schüler, Lehrpersonen, Vertreterinnen und Vertreter der Religionen, Sportvereine und Flüchtlingskinder teilnehmen

Ranesh stolz:

In meiner Heimat Indien haben immer wieder Menschen in Not Schutz gesucht. Wir sind stolz, dass wir diesen Menschen oft geholfen haben. Sie durften bei uns ihren Glauben und ihre Bräuche frei ausüben: Menschen aus Uganda, bengalische Hindus aus Ostpakistan, Buddhisten aus Tibet, tamilische Bürgerkriegsflüchtlinge aus Sri Lanka, Sikhs sowie Muslime und Hindus aus Afghanistan.

Swami Janakananda mahnt:

Ein alter heiliger Text ermahnt uns Hindus, »den Gast wie Gott zu verehren«. Seit alten Zeiten hat ein Familienvater die Aufgabe, hilfsbedürftige Fremde zu speisen und sie bei sich aufzunehmen. Weil wir Fremde als gottgleichen Gast betrachten, behandeln wir ihn auch so wie unseren Gott: mit wohltuenden Düften, Kerzen, Obst und Süßigkeiten, Reis und Blumenopfern.

Ali informiert:

Auch im Islam ist Gastfreundschaft ein wichtiges Gebot. Fremde Reisende sind oft schutzlos vielen Gefahren ausgesetzt. Einem fremden Menschen zu schaden ist ein schlimmes Verbrechen. Wer Fremde und Verfolgte schützt, ist Gott besonders nahe. Der Vater einer Familie ist sogar verpflichtet, Fremde als Gäste bei sich aufzunehmen.

Imam Özsinmaz ergänzt:

Wir sollen einen Teil unserer Pflichtabgabe dafür verwenden, fremde Reisende zu unterstützen. Der Koran mahnt uns (Sure 9,6): »Wenn ein Ungläubiger bei dir Zuflucht sucht, so gib sie ihm und hilf ihm, an einen sicheren Ort zu kommen.«

Daniel weiß:

Gastfreundschaft war schon im alten Israel wichtig. Wer gegen dieses Gebot verstieß, wurde streng bestraft.

Rabbinerin Bieler führt aus:

Unsere Gelehrten lobten Gastfreundschaft als ein Werk des Mitgefühls und Wohlwollens. 3. Mose 19,33-34 mahnt uns: »Wenn ein Fremdling bei euch wohnt in eurem Lande, den sollt ihr nicht bedrücken. Er soll bei euch wohnen wie ein Einheimischer unter euch, und du sollst ihn lieben wie dich selbst; denn ihr seid auch Fremdlinge gewesen in Ägyptenland.«

Ruth ergänzt:

Wie wichtig Juden und Jüdinnen die Gastfreundschaft nehmen, sieht man schon daran, dass das Pessachmahl folgendermaßen eingeleitet wird: »Jeder Hungrige komme und esse mit uns, jeder Bedürftige schließe sich unserem Pessachmahl an.«

Brot und Wein zum Pessachfest

Rabbinerin Bieler stimmt zu:

Stimmt. Ein Platz am Tisch bleibt immer für den Propheten Elia frei. Wenn er als Gast zu Pessach käme, würde er sich nicht zu erkennen geben. Er könnte also als Asylsuchender oder als Bettlerin an die Tür klopfen.

Imam Özsinmaz bestätigt:

Unser Prophet Mohammed hat gesagt: »Wer an Gott und den Jüngsten Tag glaubt, der soll seinen Gast ehren.«

Sugath erinnert daran:

Buddha forderte Mönche und Laien zu einer »wohlwollenden und gütigen Haltung gegenüber Anhängern anderer Glaubensgemeinschaften« auf. In der Metta-Meditation wird Wohlwollen gegenüber allen Lebewesen eingeübt. Damit sind auch Fremde gemeint, sogar feindliche Menschen.

Ari weiß zu berichten:

Vor 50 Jahren hat der Staat Israel vietnamesische Bootsflüchtlinge aufgenommen. 1993 kamen Flüchtlinge aus Bosnien und im Jahr 2000 wanderten mehrere Tausend Mitglieder der südlibanesischen Armee mit Familienangehörigen ein. In den Jahren danach nahm Israel kleinere Gruppen aus Äthiopien, Eritrea, Sudan, Kongo, Liberia und Ghana auf.

Kanthi erinnert stolz daran:

Kaiser Ashoka ließ vor über 2200 Jahren wichtige Gesetze in Felssäulen meißeln. Darin forderte er alle Religionsgemeinschaften auf, sich gegenseitig zu achten. Ein Gesetz versicherte den am Rande seines Reiches lebenden Volksgruppen, sie seien ihm gleich lieb und würden von ihm gleich behandelt – wie Kinder von ihrem Vater.

Buraq weiß:

Mohammed war selbst einmal Flüchtling. Als man ihn und seine Freunde und Freundinnen in Mekka verfolgte, suchten sie Hilfe in Medina. Dort hieß man sie willkommen.

Imam Özsinmaz erklärt:

In dieser Auswanderung (Hijra) sehen wir ein Vorbild für die Flucht von Menschen, die unterdrückt und gequält werden. So wie damals Mohammed freundlich als Gast aufgenommen wurde, so sollen auch wir die Flüchtlinge und Asylsuchenden schützen – egal ob sie islamisch sind oder nicht. Der Koran (8,72) lobt »jene, die Herberge und Hilfe gaben – diese sind in der Tat wahre Gläubige.«

Dolma bedauert:

Der Dalai Lama musste aus Tibet fliehen, weil er dort nicht mehr sicher war. Damals war er gerade 16 Jahre alt. Bis heute konnte er nicht in seine Heimat zurückkehren.

Frau Tsering teilt mit:

Der Dalai Lama lehrt: Um in Not geratenen Fremden zu helfen, muss man Gier und Hass überwinden: »Aus welchem Land wir auch kommen, wir sind zunächst einmal menschliche Wesen mit gemeinsamen Bedürfnissen und Sorgen. Wir alle streben nach Glück und versuchen, Leid zu vermeiden. Alle Menschen haben das Recht auf Glück, Frieden, Freiheit.«

Hasan traurig:

Besonders viele Flüchtlinge nimmt Pakistan auf. Dabei ist es selbst ein ganz armes Land. Ich finde es nicht richtig, dass manche Staaten sich drücken und niemanden aufnehmen wollen.

Rabbinerin Bieler kritisch:

Leider beachten überall auf der Welt nicht alle Menschen die Gebote ihrer Religion. Wir Juden zeigen oft nicht genug Mitgefühl gegenüber palästinensischen Flüchtlingen. Auch im Namen des Christentums wurden Menschen unterdrückt. Sogar buddhistische Mönche haben in Myanmar vor einiger Zeit Moscheen und islamische Geschäfte zerstört und Muslime ermordet. In Indien verüben immer wieder radikale Hindus Gewalttaten gegen Christen und Christinnen.

Peter stolz:

Unsere Kirchengemeinde setzt sich für Flüchtlinge und ihre Familien ein. Ein Helferkreis kümmert sich um Kleidung, Unterkünfte und Arbeitsmöglichkeiten für Flüchtlinge. Ein pensionierter Deutschlehrer nimmt sich die Zeit, Ausländerkindern bei ihren Hausaufgaben zu helfen und unterstützt ihr Deutschlernen.

Josef Leibing weiß:

Unser Fußballverein organisiert Sport- und Freizeitangebote für Flüchtlinge. Unsere Mannschaften sind aus Menschen aus ganz vielen Ländern zusammengesetzt. Alle lieben Fußball!

Christina erzählt:

Während der Sommerferien nahm eine Gruppe von Flüchtlingskindern am Voltigier-Unterricht in unserem Verein teil. Ihnen machte das Turnen auf dem Pferd richtig Spaß. Schnell verloren sie ihre Angst, spielten und übten gemeinsam mit den anderen Kindern.

Peter weist darauf hin:

Unser Religionslehrer hat gesagt: Christen und Christinnen sollen sich für die Flüchtlinge einsetzen. Von Jesus stammen die Worte (Matthäus 25,35-36): »Denn ich bin hungrig gewesen und ihr habt mir zu essen gegeben. Ich bin durstig gewesen und ihr habt mir zu trinken gegeben. Ich bin ein Fremder gewesen und ihr habt mich aufgenommen. Ich bin nackt gewesen und ihr habt mich bekleidet. Ich bin krank gewesen und ihr habt mich besucht. Ich bin gefangen gewesen und ihr seid zu mir gekommen.«

Hassan aus Syrien erinnert sich:

Meine Schwester, meine Eltern und ich lebten in einem schönen Haus in Homs. Mein Vater Amin unterrichtete an einer Schule Mathematik und Englisch. Dann begannen in der Stadt die Proteste gegen Präsident Assad. Als die Regierungstruppen unser von Rebellen besetztes Viertel stürmten, gab es überall Tote und Verwundete. Onkel Hussain wurde auf offener Straße erschossen. Überall schrien Menschen und lagen Trümmer herum. Meine Familie versteckte sich in einer Ruine. Es gab kaum Essen, Decken oder Medikamente. Als der Krieg immer heftiger wurde, beschlossen meine Eltern, Syrien zu verlassen. Nach einer langen Reise sind wir in Deutschland angekommen. Aber nachts habe ich immer noch schreckliche Träume.

Taslima aus Nigeria erinnert sich:

Seit die Terrorgruppe »Boko Haram« in meinem Heimatland Nigeria Gewalt und Schrecken verbreiten, fühlen sich viele nicht mehr sicher. Ständig verschleppen die Terroristen Schülerinnen und Schüler. Sie greifen alle an, die an Schulen mit westlichen Lehrplänen unterrichtet werden. Meine Eltern hatten Angst um uns. Sie warfen der Regierung vor, uns nicht schützen zu können. Wir sind zunächst nach Agadez, dann nach Algerien und Marokko geflüchtet. Von dort wollten wir mit dem Boot nach Spanien. Wir hatten große Angst, weil die Küsten ständig kontrolliert wurden und man viele zurückschickte.

Puran erinnert sich:

Meine Familie ist aus Iran geflohen, weil wir dort nicht bleiben wollten. In der Schule musste ich mich islamisch kleiden, obwohl meine Eltern mir auch erlaubt hätten, Jeans anzuziehen. Es war verboten, westliche Musikgruppen zu hören. Meine Eltern sind Muslime. Aber sie lehnen es ab, dass die Religionspolizei alles verbietet. Als meine Cousine heiratete, haben Angehörige der Religionspolizei Gäste verhaftet, weil Männer und Frauen zusammen getanzt hatten. Schließlich verlor mein Vater seine Arbeit an der Universität, weil er zu viel kritisiert hatte.

Rabbinerin Bieler teilt mit:

2013 veröffentlichte eine Gruppe von Hilfsorganisationen und Wissenschaftlern und Wissenschaftlerinnen ein wichtiges Dokument: »Fremde willkommen heißen«. Jeder Mensch hat Anspruch auf Würde und Achtung. Jeder ist irgendwo immer ein Fremder. Menschen verlassen zum Beispiel ihre Heimat, weil sie dort verfolgt und ausgebeutet werden. Oder weil sie Opfer einer Naturkatastrophe sind.

Kaplan Müller ergänzt:

In dem Text heißt es unter anderem: »Ich werde Fremde willkommen heißen. Mein Glaube lehrt mich, dass Mitgefühl, Barmherzigkeit, Liebe und Gastfreundschaft allen Menschen gelten. Ich werde jene unterstützen, die Mut zeigen, wenn sie Fremde aufnehmen. Ich werde mich Fremden gegenüber gastfreundschaftlich erweisen, denn das bringt Segen über meine Gemeinschaft, meine Familie, die Fremden und mich.«

Bhikkhu Subhuti fügt hinzu:

In demselben Dokument heißt es weiter: »Ich werde die Tatsache respektieren und anerkennen, dass Fremde einer anderen Religion angehören oder andere Glaubensüberzeugungen vertreten als ich und andere meiner Gemeinschaft. Ich werde das Recht der Fremden achten, den eigenen Glauben ungehindert auszuüben. Ich werde danach streben, einen Raum zu schaffen, wo sie frei Gottesdienst und Gebete feiern können.«

Swami Janakananda betont:

Sehr wichtig sind auch folgende Sätze: »Ich werde von meinem eigenen Glauben sprechen, ohne den Glauben anderer abzuwerten oder zu verspotten.

Ich werde nicht schweigen, wenn ich erlebe, dass andere ... meiner Glaubensgemeinschaft negativ über Fremde reden, über sie urteilen, ohne sie kennenzulernen, oder wenn ich sehe, dass ihnen Unrecht getan wird, sie ausgeschlossen oder unterdrückt werden.«

Imam Özsinmaz ernst:

Der letzte Satz des mutigen Textes lautet: »Ich werde Fremde willkommen heißen.«

Ergebnisse einer Diskussion in der Schule zum Thema Mobbing, Benachteiligung und Rassismus

Wir leben gern in diesem Land, aber…

Ruth Cohn selbstbewusst:

Seit man mich wegen meiner Makkabi-Sporttasche angepöbelt hat, gehe ich mit einem neutralen Rucksack zum Handballtraining.

Asha Patel gekränkt:

Ich habe mich sehr geärgert, als uns jemand keine Wohnung vermieten wollte, weil wir eine dunkle Hautfarbe haben.

Hatice Yilmaz ängstlich:

Ich habe Angst, wenn mich bestimmte Typen anmachen und bedrohen, weil ich ein Kopftuch trage.

Buiraq Yilmaz verächtlich:

Ich fand es immer total unfair, wenn Lehrer Schüler mit türkisch oder arabisch klingenden Namen schlechter bewertet haben.

Judith Hirsch empört:

Ich finde es abscheulich, dass Papas Freund Samuel Goldberg vom Fahrrad gestoßen und als Jude beschimpft wurde. Er hat jetzt Angst, auf der Straße eine Kippa zu tragen.

Hasan Mahmud bedrückt:

Nach unserer Ankunft in Deutschland waren wir manchmal traurig, weil einige Leute hier Vorurteile gegenüber Flüchtlingen und Muslimen haben.

Puran Karimi empört:

Ich schäme mich als Muslimin, dass es muslimische Mitschüler gibt, die Juden beschimpfen.

Lal Patel peinlich berührt:

Es war mir sehr peinlich, dass ein Bekannter meiner Eltern uns den Film Kashmir Files empfohlen hat. Dieser Film ruft zu Hass und Gewalt gegen Muslime auf.

Peter Schneider wütend:

Es macht mich hilflos und wütend, dass es in meinem Land Anschläge auf Synagogen und andere Gotteshäuser gibt und rassistische Attentäter unschuldige Menschen ermorden.

Sibil Korkmaz geknickt:

Ich war ratlos und empört, weil ich nicht zu einem Vorstellungsgespräch eingeladen wurde. Ich vermute, dass es damit zu tun hat, dass ich nicht deutsch aussehe.

Parviz Karimi entrüstet:

Peter und ich hatten beide keine Fahrkarte, weil der Automat gestreikt hat. Aber der Kontrolleur war zu mir deutlich unfreundlicher.

Akira Suzuki verärgert:

Ich habe das Gefühl, dass ausländisch aussehende Menschen öfter von der Polizei kontrolliert werden und schneller unter Verdacht geraten.

Lehrer-Schüler-Konferenz Ergebnisse

1. Wenn ihr Zeuge werdet, dass Menschen ungerecht behandelt werden, weil sie einer anderen Religion oder Kultur angehören, wendet euch an eine Vertrauensperson.
2. Tretet gegen jede Form von Diskriminierung, Mobbing und Gewalt ein.
3. Wir sind überzeugt, dass man niemanden aufgrund seiner Herkunft, seiner Religion, seines Geschlechts oder politischen Meinung und sexuellen Orientierung benachteiligen darf.
4. Wenn an unserer Schule jemand einen anderen beschimpft oder ausgrenzt, helft ihm, hört ihm zu und setzt euch für ihn ein.
5. Überlegt, wie man gemeinsam Wege zur Lösung des Problems findet.
6. Hütet euch davor, nur weiße Menschen mit christlichen Vorfahren als Deutsche zu betrachten.
7. Verwendet keinesfalls das Wort Rasse zur Beschreibung von Menschengruppen.
8. Überlege, ob du selbst vielleicht Vorurteile hast und warum. Behandelt jeden so, wie auch ihr behandelt werden möchtet.
9. Vergesst nie, dass kein Mensch mehr wert ist als ein anderer.
10. Vermeidet es, zwischen »wir« und »den anderen« einen grundsätzlichen Unterschied zu machen.

Hinweise auf weiterführende Literatur

Zum Judentum

Monika Tworuschka, Ist das nicht Sara? (Calwer Verlag, Stuttgart 2020)

Eine spannende Reise in die deutsche Vergangenheit und Geschichte des Judentums. Die Verbindung aus fesselnder Handlung und Einführung in den jüdischen Glauben macht das Buch zur idealen Begleitlektüre für den Religions- und Geschichtsunterricht ab Klasse 5.

Monika Tworuschka, Die Jagd nach dem verborgenen Leuchter (BoD, 2023)

Dabei sollte es nur ein entspanntes Wochenende für die Freunde werden! Doch dann beauftragt ein geheimnisvoller Rabbi sie mit einer gefährlichen Mission: der Jagd nach einem geraubten Chanukka-Leuchter, bewacht von Dämonen auf einem unheimlichen Berg. Ihnen bleibt keine andere Wahl, als den Aufstieg zu wagen … Aber die Zeit ist knapp, überall lauern Gefahren. Das mit einem umfangreichen Glossar versehene Fantasy-Abenteuer für Jugendliche ab 12 Jahren gibt tiefe Einblicke in jüdische Religion und Geschichte.

Zum Christentum

Monika Tworuschka, Drei helle Köpfe auf heißer Spur. Wie Kinder in ihrer Alltagswelt das Christentum entdecken (Lahr/Schwarzwald 1999)

Bei einer Schatzsuche entdecken Ronja und ihre Freunde im Wald verrostete Farbdosen, die jemand dort einfach »entsorgt« hat. Als bald darauf noch ein verdächtiger Firmenvertreter die Gemeindewiese kaufen will, spielen die drei Spürnasen Detektiv. Während ihrer Spurensuche engagieren sich die Freunde für den Umweltschutz und entdecken in ihrer Alltagswelt das Christentum.

Zum Islam

Monika Tworuschka

Drei Jugendbücher für kulturelle Vielfalt und Fairness gegen Rechtsextremismus, Rassismus, Antisemitismus und Islamismus: *»Das Geheimnis des Zauberpferdes«, »Gefährliche Freunde« und »Angst am Drachenfels«.* Die Trilogie schildert Alltagserfahrungen, Konflikte, aufregende Abenteuer, Träume und Sehnsüchte syrischer Kinder, die mit ihren Familien nach Deutschland geflüchtet sind. Jedes Buch enthält eine abgeschlossene Spurensuche bzw. spannende Krimihandlung.

In *»Das Geheimnis des Zauberpferdes« (Westarp, Hohenwarsleben 2021)* fliegt Leila im Traum auf dem Zauberpferd Asifa (»Sturmwind«) nachts in ihre alte Heimat Damaskus. Doch plötzlich sind die geliebten Menschen verschwunden. Die abenteuerreiche Spurensuche auf dem Zauberpferd führt schließlich zu den vermissten Verwandten. Das spannende Buch über Freundschaft, Voltigieren, Pferdebegeisterung gibt Einblick in den Islam und ist auch eine Bereicherung für den Unterricht ab der vierten Klasse.

»Gefährliche Freunde« (Westarp, Hohenwarsleben 2021) schildert Vorurteile gegen Ausländer und Juden sowie kriminelle Machenschaften rechter Organisationen. Das Buch engagiert sich gegen Rassismus, Antisemitismus und rechtes Gedankengut. Freunde geraten in Gefahr, andere erweisen sich als gefährliche Freunde. Der spannende Jugendkrimi möchte zur Diskussion und Überwindung von Voreinstellungen motivieren und sich für ein faires Miteinander einsetzen. Das Buch ist auch hervorragend für den Politik- und Geschichtsunterricht geeignet.

»Angst am Drachenfels« (Westarp, Hohenwarsleben 2022) bietet nicht nur eine spannende Geschichte rund um einen geplanten islamistischen Anschlag. Die Charaktere verdeutlichen die gelebte Vielfalt und unterschiedlichen Auslegungen des Islam. Das Buch zeigt außerdem, wie Alltagsrassismus junge Menschen empfänglich für Extremismus machen kann. Der Jugendkrimi engagiert sich gegen Extremismus und Gewalt und setzt sich für Vielfalt und Toleranz ein. »Angst am Drachenfels« eignet sich gut als Ergänzungslektüre für Religions-, Politikunterricht ab Klasse 7.

Zum Hinduismus

Monika Tworuschka, Tapfer wie Rama (BoD, 2021)
Die zehnjährige Sumitra arbeitet in einer Teppichmanufaktur für den undurchsichtigen Gondar. Ihr Bruder Bakha erledigt Schmutzarbeiten in der Stadt Varanasi. Ihre Eltern sind auf das Geld angewiesen, das die Kinder verdienen. Trost und Zuflucht vor dem traurigen Alltag finden die beiden beim Swami, der sich für Straßenkinder einsetzt und ihnen immer wieder die Geschichte des Ramayana mit den Helden Rama und Sita erzählt. »Tapfer wie Rama« ist ein spannender Jugendkrimi über die Glaubenswelt des Hinduismus ab Klasse 5.

Zum Buddhismus

Monika Tworuschka, Der vertauschte Buddha (Calwer Verlag, Stuttgart 2020)
Ein Jugendchor ist auf einer Konzertreise durch Sri Lanka unterwegs. Als einer der Jungen eine Buddha-Statue kauft, geraten sie in die Machenschaften einer Schmugglerbande. Das spannende Leseabenteuer bietet interessante Einblicke in die Glaubenswelt des Buddhismus und ist für den Religionsunterricht ab Klasse 5 gut geeignet.

Bild- und Textnachweis

Sämtliche Illustrationen stammen von Guido Wandrey.

Fotos:

S. 7: oben: henryart/Fotolia.com; unten: Michael Zimberov/Fotolia.com – S. 9: mauzel/Fotolia.com – S. 15: Volker Haak/Fotolia.com – S. 19: James Steidl/Fotolia.com – S. 22: aus: Jüdische Allgemeine vom 23.09.2010; http://www.juedische-allgemeine.de/article/view/id/8704; © Heike Linde-Lembke – S. 25: Internet – S. 32: grahamandgraham/Istockphoto.com – S. 36: Eliels/Wikimedia Commons – S. 40: roostler/Fotolia.com – S. 43: privat – S. 47: © Marc Braner/Adobe Stock.com – S. 51: oben: Uwe Graf/Fotolia.com; unten: Bill Ernest/Fotolia.com – S. 53: Roswitha Laminger-Pu/Fotolia.com – S. 59: MasterLu/Fotolia.com – S. 60: vlas2002/Fotolia.com – S. 63: McLeod/Wikimedia Commons – S. 64: Pedrohiroshi/Wikimedia Commons – S. 67: privat – S. 68: AlexR/Wikimedia Commons – S. 70: S. Kobold/Fotolia.com – S. 72: Klearchos Kapoutsis/Wikimedia Commons – S. 75: Martinsspiel, © epd-bild / Gustavo Alabiso – S. 79: US National Archives/Wikimedia Commons – S. 81: © Johanna Mühlbauer/Adobe Stock.com – S. 84: WavebreakmediaMicro/Fotolia.com – S. 90: privat – S. 94: © bersinger/Adobe Stock.com – S. 95: © Imprave/Adobe Stock.com – S. 96: © MR.PLAY/Adobe Stock.com – S. 97: oben: Die Blaue Moschee in Istanbul; Tomas Sereda/Fotolia.com; unten: Jasmin Merdan/Fotolia.com – S. 99: Ulrich Waak/Wikimedia Commons – S. 104: Muhammad Mahdi Karim/Wikimedia Commons – S. 110: Ottomanische Miniaturmalerei aus dem 13. Jh.; Túrelio/Wikimedia Commons – S. 113: Glasmalerei; Gora Mbengue/Brooklyn Museum/Wikimedia Commons – S. 116: der Sehma wird aufgeführt, © epd-bild / Christopher Clem Franken – S. 118: oben: Mahmod Rahall/Fotolia.com – S. 118: unten: hypnocreative/Fotolia.com – S. 120: © Fevziie/Adobe Stock.com – S. 129: Internet – S. 136: Internet – S. 141: stokkete/Fotolia.com – S. 144: prudkov/Fotolia.com – S. 146: © RUBENDARIO/Adobe Stock.com – S. 147: © Al62/Adobe Stock.com – S. 149: oben: Sattiskumar Kesavalu/Wikimedia Commons; unten: Kailash Nath Statue im Shivatempel von Murughesh Palaya, Bangalore; Magnus Manske/Wikimedia

Commons – S. 151: Andreas Edelmann/Fotolia.com – S. 157: Gerhard Bittner/Fotolia.com – S. 163: Internet – S. 167: sntnsngh/Fotolia.com – S. 169: Internet – S. 171: © Thaakirah S/peopleimages.com/Adobe Stock.com – S. 175: Cmon/Fotolia.com – S. 176: Galyna Andrushko/Fotolia.com – S. 179: JeremyRichards/Fotolia.com – S. 180: Ramakrishna Mission Delhi/Wikimedia Commons – S. 182: Hanuman-Statue in Dumuriput, Koraput, Odisha (Indien); MKar/Wikimedia Commons – S. 183: Ahmad Faizal Yahya/Fotolia.com – S. 184: Wikimedia Commons – S. 188: Hindu-Tempel in Hamm-Uentrop/Westfalen, © Claudia Dreyße, www.claudiadreysse.de – S. 189: oben: mathess/Fotolia.com; unten: Chonalapoom Banharn/Fotolia.com – S. 191: Pixel & Création/Fotolia.com – S. 197: mathess/Fotolia.com – S. 203: Internet – S. 206: Internet – S. 208: Chanakal/Wikimedia Commons – S. 210: Wong Sze Fei/Fotolia.com – S. 221: Internet – S. 222: © metamorworks/Adobe Stock.com – S. 223: © liubovyashkir/Adobe Stock.com – S. 224: © Song_about_summer/Adobe Stock.com – S. 225: oben: LutzBruno/Wikimedia Commons; unten: Heinz-Josef Lücking/Wikimedia Commons – S. 226: Om-Zeichen: IFA/Fotolia.com – S. 227: Schild Davids: Liaurinko/Fotolia.com – S. 229: shock/Fotolia.com – S. 239: Wikimedia Commons – S. 243: Frank Vincentz/Wikimedia Commons – S. 252: vencav/Fotolia.com – S. 253: © erika8213/Adobe Stock.com – S. 261: Internet – S. 263: Traumbild/Fotolia.com – S. 265: Torsten Grebenstein/Köln – S. 268: Markus Mainka/Fotolia.com

Texte:

S. 72-74: aus: Rolf Krenzer/Volker Fritz, 100 einfache Texte zum Kirchenjahr, © Verlag Ernst Kaufmann, Lahr

Sollten uns bei den Nachweisen Fehler unterlaufen sein, bitten wir, diese zu entschuldigen. Rechtsansprüche bleiben gewahrt.

Die Autorin und der Autor

Monika Tworuschka, geboren 1951, ist freie Autorin und Islam-, Religions- und Politikwissenschaftlerin. Sie ist Autorin von Sach- und Fachbüchern, Jugendbüchern, Hörspielen und Abenteuergeschichten. Sie lebt in Bad Münstereifel und ist mit dem Religionswissenschaftler Udo Tworuschka verheiratet, mit dem zusammen sie 2002 den italienischen Friedenspreis »Premio Satyagraha« erhielt.
https://www.jugendbucher-monika-tworuschka.de/

Udo Tworuschka, geboren 1949, studierte Vergleichende Religionswissenschaft, Evangelische Theologie, Anglistik, Pädagogik und Philosophie an der Universität Bonn. Nach 20 Jahren religionspädagogischer Tätigkeit an der Pädagogischen Hochschule Rheinland, Abt. Köln, und der Universität zu Köln war er von 1993 bis zu seiner Emeritierung 2011 Inhaber des Lehrstuhls für Religionswissenschaft an der Theologischen Fakultät der Friedrich-Schiller-Universität Jena. Vordenker einer »Praktischen Religionswissenschaft und des ›auditive turn‹ in der Religionswissenschaft«.
https://udotworuschka.jimdofree.com/

Der Illustrator

Guido Wandrey ist Grafik-Designer und arbeitet als freier Illustrator. Vor allem seine Wimmelbilderbücher erfreuen sich großer Beliebtheit. Guido Wandrey liebt das Meer und lebt und arbeitet zusammen mit seiner Frau an der Nordsee, wo er sich einer vielseitigen, künstlerischen Arbeit widmet: Er malt, schreibt Lyrik und spielt leidenschaftlich Renaissancelaute.
www.guido-wandrey.de